演讲思维
提升影响力的艺术

卿老师 ◎著

北方文艺出版社

图书在版编目（CIP）数据

演讲思维：提升影响力的艺术 / 卿老师著 . -- 哈尔滨：北方文艺出版社，2019.10
ISBN 978-7-5317-4644-7

Ⅰ.①演… Ⅱ.①卿… Ⅲ.①演讲－语言艺术 Ⅳ.①H019

中国版本图书馆 CIP 数据核字（2019）第 202670 号

演讲思维：提升影响力的艺术
YANJIANG SIWEI TISHENG YINGXIANGLI DE YISHU

作　者 / 卿老师

责任编辑 / 富翔强　徐　昕　　　装帧设计 / WONDERLAND Book desigr
　　　　　　　　　　　　　　　　　　　　　仙境 QQ:344581934

出版发行 / 北方文艺出版社　　　邮　编 / 150080
发行电话 /（0451）85951921　85951915　经　销 / 新华书店
地　址 / 哈尔滨市南岗林兴街 3 号　　网　址 / www.bfwy.com

印　刷 / 天津旭非印刷有限公司　　开　本 / 880×1230　1/32
字　数 / 136 千　　　　　　　　　印　张 / 8
版　次 / 2019 年 10 月第 1 版　　　印　次 / 2019 年 10 月第 1 次印刷

书　号 / ISBN 978-7-5317-4644-7　定　价 / 42.80 元

目录
CONTENTS

第一部分
形象管理：精彩演讲始于完美的感官印象

"人设"提炼三步法，让自我介绍不再单调 _ 003

先"声"夺人，用好声音抓住听众的耳朵 _ 012

"演"到位，才能"讲"得精彩 _ 019

提升影响力，从提升自信开始 _ 028

激发表达欲，让你的大脑不再空白一片 _ 039

塑造完美形象，瞬间抓住听众的眼球 _ 047

第二部分
聚焦内容：让你的演讲更有影响力

内容升级彰显你的演讲价值 _ 059

开场白不好，等于白开场 _ 067

如何让你的演讲具有清晰的逻辑 _ 076

演讲就是会"卖"故事 _ 087

让演讲更具价值的三种方法 _ 096

别让演讲输在最后一分钟 _ 106

第三部分

共情：一切精彩演讲的基础

三种方法，让你快速引发听众共鸣 _ 115

确立对象，以不影响的姿态去影响 _ 123

有案例，更要会用案例 _ 133

"愿景"式话术快速消解听众的心理隔阂 _ 142

用问题将听众请到你的演讲里来 _ 150

第四部分
框架思维:让你的演讲更有黏性

"六色思维"帮你构建良好的沟通环境 _ 161

用问题主动引导演讲方向 _ 170

满足听众需求,让听众快速爱上你的演讲 _ 178

制造惊喜,意外带来的演讲黏着力 _ 187

破除主观思维,让听众感受到你的善意 _ 194

第五部分
生活无处不演讲

反客为主,让面试官跟着你的思维走 _ 205

汇报就是最重要的命题演讲 _ 214

如何不动声色地化解尴尬局面 _ 222

学点小套路宴会祝词不心慌 _ 229

如何做好即兴主持人 _ 235

"奥利奥模型"让即兴演讲不再信马由缰 _ 241

第一部分

形象管理:
精彩演讲始于完美的感官印象

听众对演讲者的感官印象是，基于自我介绍、声音、精神风貌建立起来的，因为感官接收到的信息才是最直接，也是最真实的信息。

第一部分
形象管理：精彩演讲始于完美的感官印象

"人设"提炼三步法，让自我介绍不再单调

沟通是我们日常生活中的基本需要，而在生活中，我们除了要跟熟悉的人打交道之外，还要同陌生的人产生联系。由陌生变成熟悉，这是人际关系的核心。

但有很多的人都不太擅长和陌生人打交道，特别是许多人不知道该如何让陌生人了解自己与认识自己。事实上，同陌生人产生联系也是需要一定的技巧和方式的，尤其是在演讲的时候，我们要在有限的时间内，快速让听众记住自己，并且给听众留下深刻的印象。

这一节的重点，就是如何快速地给听众留下一个印象深刻的自我介绍。要知道，自我介绍在某种意义可以算得上我们发给听众的一张个人名片。

基本上，我们每到一个新的场合都会用到自我介绍：相亲、面试或者是约见新朋友，等等。我们的长相是天生的，这是

演讲思维：
提升影响力的艺术

我们无法改变的现实，你给别人留下的第一印象基本上都来自你的自我介绍。可是，为什么大部分人的自我介绍并没有让对方记住呢？

因为，绝大部分人的自我介绍都是固定的信息格式，无非是"我是谁，我来自哪里，我是干什么的"。对于听众来说，这样的对话模式已经听得足够多了，产生了听觉疲劳，会自动过滤掉这些格式化的信息。而且，大部分人在做自我介绍的时候，都是从自己的角度出发去说，只关心自我介绍中自己的内容，这固然是很重要的，但并不是最重要的。

类似"投其所好"这样的说法，相信大家并不陌生，虽然听上去有些腹黑，但我们不得不承认，这些都是行之有效的沟通策略。只要注意尺度，流露出真情实感，那么作为听众还是很愿意接受的。毕竟，谁不喜欢听好的呢？

是的，想要别人记住你，不管是在与他人进行沟通时，还是向公众做演讲时都需要注意一点：我们不能单单从自身的角度出发，还要考虑受众的角度和兴趣点是什么。利用他们所熟知的方式，或是与其他人不同的形式来介绍自己，这样便能给别人留下一个深刻的印象。

大家是否还记得庆祝中国人民解放军建军90周年的那次

第一部分
形象管理：精彩演讲始于完美的感官印象

沙场阅兵？在这次阅兵中，许多人对一个人的印象特别深刻，他在向全国人民介绍自己的时候，很快便让大家记住了他的名字——"人人都想活捉"的满广志。

满志广在接受采访的时候，是这样介绍自己的："大家好，我就是人人都想活捉的满广志。"虽然简简单单，但就是这样一句轻描淡写的话，却给大家留下了深刻的印象。原因很简单，他的自我介绍满足了大众的需要，而不单单是"我是干什么的，我叫什么"等这样的一些信息。

"人人都想活捉"，原本只是流传在比较小众的军事迷圈子里的一句话。作为"朱日和基地"蓝军的指挥官，满广志曾经打出了32胜1负的战绩，打破了之前"红必胜，蓝必败"的铁律，在演习中打得红方苦不堪言，真实还原了战场的不确定性。

也因此，被逼急了的红方指战员们每次来到"朱日和基地"演习时，喊出的口号都是"踏平朱日和，活捉满广志"。一传十，十传百，对于不知道的人来说，便会产生这样一个疑问：满广志是谁？为什么要活捉他？

满旅长在自我介绍的时候就满足了听众的求知欲，回答了大家的疑问，即"我就是人人都想活捉的满广志"。

这样的自我介绍瞬间就会被广大听众记住，原来这个其貌不扬的指挥员就是大名鼎鼎的满广志。再加上"朱日和基地"这个已经为大家所熟悉的地方和那句口号，大家对满广志这个名字自然就念念不忘了。

其实，想要陌生人在短时间内记住你，很简单。只需要变换一下介绍的形式，找准特定的小角度，就会让大家快速地记住你。那么我们该如何打造一个完美的自我介绍呢？

首先，你要知道的是自我介绍应该有多长。自我介绍不能太长，因为过多的信息会冲淡你想让对方记住的内容。不要在自我介绍中说过多的废话，要尽量地简洁精练，大家也没有时间去听你讲冗长的东西，一定要在以你为核心的话题内进行。因此，请尽可能地将自我介绍时间控制在20—30秒之内。

下面的三招，可以帮助你打造一个完美的自我介绍模板：

第一招：解名字，拿自己的名字来说事

每个人的名字都是富有意义的，用一个故事作为名字的介绍能够很好地让人记住你叫什么，而且还能够让人看出你是一个具有品位的人，好的名字解析能为你的形象提分不少。

例如，一名来自西安外国语大学英语专业的同学叫顾特思梦，她在做自我介绍时说："我叫顾特思梦，名字是爸爸取的,但顾特不是复姓,也不是少数民族,而是英文 good 的译音,爸爸希望我越来越好。"

她在面试的时候这样介绍自己,作为听众的我马上就接口说:"看来在你出生时,就和英语联系上了,难怪长大后会去外国语大学读英语。"我这样接话也是因为觉得对方的名字确实很有趣。

再比如,一个名叫崔骐骥的同学来面试,他自我介绍说:"我叫崔骐骥,骐骥在中国古代有两个含义,一是千里马,二是贤才,我本人也是属马的,我希望自己今天的表现可以得到各位伯乐的赏识。"

在生活中,我相信很多人都会被问到自己名字的含义,但很少有人能够解释明白。所以你在解析自己名字的时候完全可以给它安一个背景,并不一定要完全真实,你的目的是要让人能够记住。为自己的名字编一个善意的、接地气的故事,会让你的自我介绍变得妙趣横生。

第二招:贴标签

如果你想要被人牢牢记住,也可以试试贴标签的办法。其实,这种方法就是给自己一个准确的定位。如果你有一分钟的时间来做自我介绍,当说完自己名字等基本信息之后,可以尝试给自己贴个标签，在自己名字前面加一个描述性的定语，用以加深听众的印象。

例如前面提到的满广志旅长，就有很多网友贴的标签，当提到这些标签的时候，我们就会马上联想到满广志如"朱日和的大boss（首领）""红方的一生之敌""蓝星地表最强作战个人"，等等。这样的标签不但醒目，而且能让人瞬间知道你的职业和地位。

不过，贴标签也是有学问和原则的，不能乱贴标签。

原则一：标签不能太宽泛。"我是一个勤奋上进的人""我是一个热爱生活的人"，这种标签所有人都可以使用，无法突出你的特色。真正的标签应该是为你量身定制的，只属于你自己，一定要符合你自身能力的定位，同样的标签放到别人身上就未必合适。

标签要有自己的特色，在避免自吹自擂的前提下，还能暗含夸奖自己的意思。

原则二：标签一定要是针对演讲者某一方面特长和能力的。这样听众就会通过标签快速地了解演讲者。

第三招：讲故事

当演讲者有3分钟的时间做自我介绍时，在解析名字和贴

第一部分
形象管理：精彩演讲始于完美的感官印象

标签之后，适时加入一个细节生动有趣的故事，更能为自我介绍增色，同时也是对自我标签的一种解析。

为什么要讲故事呢？因为故事最能打动人，最能让人记忆深刻。

大道理谁都懂，但不是任何人都能听进去的，如果把大道理融入有趣的故事中，大部分人还是愿意倾听的。不是所有人都读过《三国演义》，但几乎所有的人都知道"孔明借东风"这个典故；也不是所有人都读过《西游记》，但几乎所有人都知道"孙悟空大闹天宫"这个经典片段。

这就是故事的力量，生动的故事有细节、有人物、有冲突、有情节，所以会更有传播力，更有说服力。

美国一位女官员在南卡罗来纳州某学院对全体学生发表演讲时说：

我的生母是个听觉障碍者，不会说话，所以我也不知道自己的父亲是谁，也不知道他是否还在人间。我这辈子找到的第一份工作，就是到棉花田里摘棉花。一个人的未来会怎么样，不是因为运气，也不是因为环境。

一个人若想要改变眼前充满不幸或不尽如人意的境况，

演讲思维：
提升影响力的艺术

只要知道"我希望情况变成什么样子？"这个问题的答案，然后全身心地投入，采取相应的行动，朝着理想的目标前进，终将达成目标。

我的名字是阿济·泰勒·摩尔顿，今天我以美国财政部长的身份站在这里。

这样一个小小的故事让在场的听众快速并且印象深刻地记住了她，这就是故事带来的好处。

一个结构清晰的自我介绍，在实际的沟通中可以达到事半功倍的效果。自我介绍的结构做得好，能够帮助演讲者在面试、竞选等场合中腾出更多的时间来完成自己的演讲。

在这里给大家介绍一个比较实用的自我介绍的模板：

在演讲的开头直接述说一个有关自己故事，将其视为一个无形的醒木，让听众能够快速地安静下来听接下来的演讲。这个故事可以发人深省，也可以精彩幽默，只要能够吸引听众的注意力即可。

接下来就是一个带有标签的介绍。如果你实在想不出用什么标签来代表自己的话，可以使用"问好＋个人信息"的方式来代替，同时还要用一句话来概括自己的特点，例如"若用一种颜色来形容自己，我应该是红色的，因为美丽的女子

第一部分
形象管理：精彩演讲始于完美的感官印象

通常都是以红色来表达自己的赤诚之心的"。

最后，要简单地说一下自己的性格以及演讲所要说的大致内容，这时，你需要用一种诚恳的语气向听众发出邀约："如果各位对演讲的内容存有疑问或是有什么不清楚的地方，请大胆地提出来，我会给你一个满意的答复。"这样不但能够拉近演讲者与听众之间的距离，同时还会给听众留下一个暖心可亲的形象。

实践出真知，说再多的理论都是纸上谈兵。要想真正提升自我介绍的水平，就要多找机会实际操作，尤其是在容易与陌生人产生交谈的地方，比如咖啡馆、酒吧等公众场合。要学会利用这些场合的特性，主动结识新的朋友，甚至是异性。这样既能够培养自己的自信心，也能知道自己在自我介绍这方面还有什么需要完善的地方。

一个与众不同的自我介绍，不管是在相亲、面试，还是在其他的场合中，都能够迅速帮助你抓住大家的眼光，并且给对方留下一个不错的印象。

还是那句话，努力行动，才能有所回报。

演讲思维：
提升影响力的艺术

先"声"夺人，用好声音抓住听众的耳朵

经过前面的内容学习，大家是否遇到了这样的情况：自己对着镜子独自练习，不知不觉地讲了几个小时，感觉嗓子都快冒烟了。

这种刻苦练习的精神的确值得表扬，但这种做法却并不可取。因为一味地重复练习最终只会把自己的嗓子弄得嘶哑和干裂，所以为了能够让大家更加科学地使用嗓子。在这一节的内容中，我将重点讲述如何做才能说话不累嗓子。

日常生活中，我们的嗓子常常会因为长时间说话、抽烟、喝酒等原因，出现发声嘶哑等问题。为了避免发生这样问题，我们除了要保持良好的生活习惯外，还需要掌握一些正确的发声技巧。

好的声音可以快速穿透听众的耳朵。我们会发现，那些主持人、歌唱家、演员即使说了一天的话，嗓子依旧还是那

第一部分
形象管理：精彩演讲始于完美的感官印象

么的清亮，就算过了许多年，他们的声音还是那么的中气十足，原因其实很简单，因为他们都经过一定的专业训练。

想要练就金嗓子，我们首先要解决的就是共鸣和呼吸的问题。

人体的构造非常神奇，我们可以通过外部的一些调整来改变自己一些的生理习惯。也就是说，我们可以通过改变发声的方式来改善我们的声音。

说话的时候，我们都是通过口腔共鸣来发声的，这就好比嘴巴是一把小号，而嗓子就是小号的簧片，口腔相当于喇叭口，说话的时候从肺里出气，带动嗓子震动，然后在口腔内共鸣，从而完成整个的发声过程。

知道了这些之后，我们就可以有针对性地练习发声技巧，那些主持人、演讲家、歌唱家的金嗓子，就是经过大量训练之后才有的。还有一个需要我们知道的知识点是——我们声带所产生的音量是很小的，只占总音量的5%左右，其他95%左右的音量都是通过共鸣器官得来的。

日常生活中，我们可以通过练习以下九个小技巧来锻炼我们的共鸣器官：

1. 放松喉头，也就是咽喉部，用"哼哼"音唱歌。为了增加练习的趣味性,大家可以哼唱自己最喜欢的歌曲。

2. 模仿鸭子的叫声。挺软腭,口腔大张成圆筒状,发"gaga"的音,同时仔细体会,如果共鸣效果好,发出的"gaga"音会非常好听,反之则非常枯燥、刺耳。

3. 模仿牛的叫声。类似打电话的"嗯(什么)"和"嗯(明白了)"。双唇闭合,气息从鼻腔送出,反复练习。

4. 牙关大开合,同时发出"啊"音。

5. 模拟汽笛的长鸣声。这是练习平行发音,可以由大到小或由小到大变换练习。

6. 做扩胸运动,同时发高亢或低沉的声音。

7. "气泡音"练习。闭嘴,用均匀的气流冲击声带,使之发出细小的抖动声。

8. 音阶练习。选一句话,在本人音域范围内,从低音阶开始,一级一级地升高,然后再一级一级地往下降,再或者一句高一句低,高低音交互练习。

9. 夸张练习。选择韵母较多的词语或成语,夸张地训练,如:"英——勇——顽——强——""清——正——廉——洁——"。

锻炼共鸣器官,需要我们将口腔完全打开,但这并不代

第一部分
形象管理：精彩演讲始于完美的感官印象

表把嘴巴张大就可以了，而是要将口腔变成一个像鼓一样的发声设备。最直接有效的办法就是，放松我们的下巴，然后提起颧肌，打开后槽牙，像打哈欠一样。这样发出的声音就肯定比平时的时候要清亮很多。

胸腔共鸣，也是改善嗓音的一种方法，在我们的日常生活中是最常用到的，而且只需要练习很短时间便能让我们的声音变得更有磁性。但是，要想练习好胸腔共鸣，我们先得练习好另外一样东西，那就是气息。

日常生活中，我们使用的呼吸方式大都是胸式呼吸，但因为生理结构的问题，通常胸式呼吸的进气量会很少。为了能够长久地支撑我们说话时的气息，我们要试着学会用肚子进行呼吸。

生活中长久说话时会觉得胸闷，这是由于供气量不足而导致的，因此，我们可以通过练习吸气、呼气和加强横膈膜的力量，来增强腹式呼吸有效提高我们的音量。

在进行吸气练习的时候，我们可以想象自己身处于一个美丽的花园之中，深深地闻一下弥漫在空气中的花香。这样的吸气方式，可以加大我们的吸气量，吸气时要注意鼻和口同时自然地进行，尽量做到平稳柔和，不能强用力量，也不

演讲思维：
提升影响力的艺术

能僵化地进行，吸气要深，不能让气息只停留在上胸和心窝处。吸气以后要短暂地停顿一下，体会一下腹部膨胀的感觉。

在练习吸气的同时，我们也应该注意呼气的练习，毕竟呼吸是连在一起的，不能只练吸气不练呼气。练习呼气的时候，你可以想象自己正在拿着一大瓶香油往另一个小瓶里灌，屏息凝气，小心翼翼。呼气时注意均匀、舒缓地呼出。练习的时候，可以准备一张薄纸片，用手压在墙上，距离它4-6CM，吸气后保持一下，然后吹气使之不自然贴靠墙面不落地，半分钟以上便为合格，这样的练习能有效改善你的呼吸方式。

对于练习吸气和呼气来说，增强横膈膜的力量，对于气息的保持和声音的力度更加重要。增强横膈膜力量练习的方法有很多，常见的方法有数数字和吹灰练习：

数数字法最为常见，操作起来也很方便，练习的时候深吸一口气，利用腰腹的力量保持气息稳定，然后匀速开始数数，一直数到60为合格。在练习过程中，切记要均匀有节奏，不能偷偷换气，如果换气就从头再来。

吹灰练习法操作起来也很简单，练习时深吸一口气，然后像吹掉桌上的灰尘一样往前吹气，节奏一慢二快。

日常生活中，我们也可以通过仰卧起坐练习来锻炼我们的横膈膜力量。仰卧起坐结束之后，待气息平稳，开始做打哈欠的动作，缓缓地发"a"的音，越长越好，先出气，再发音，越慢音越低，在这个过程中你能够感受到胸腔中的震动，之后慢慢地提高音量，保持气息，心中默记着时间。

刚开始练习的时候，持续的时间可能不会很长，但经过一段时间的训练，持续时间就会越来越长，而胸腔也会随着练习时间的增加对震动越来越敏感。

上面的这些练习方式，如果长久地坚持下去，终有一天你会发现自己的声音变得很有磁性，训练共鸣除了可以帮助我们扩大声音外，对讲好普通话也很有帮助，有的人因为方言的缘故，一些普通话的发音很难发出来，除了要纠正习惯之外，口型上的规范也能通过共鸣练习来矫正。

汉语是一门博大精深的语言，在演讲沟通的过程中我们除了可以用精彩的内容打动听众，还可以通过好的嗓音，让演讲变成一种听觉艺术。我们可以将身体变成一个自然的共鸣箱，配合适当的气息，我们自己也能够成为一个浑然天成，不需要进行修饰的天然音响，这样发出来的声音自然就是动人心魄的。

为了让我们的演讲更加出彩，我们不单单要用到各种各样的技巧，同时还需要有一把锋利的宝剑——你的声音。当你的声音有穿透力且清亮悦耳，再配合上你自信的形象和富有趣味性的内容以及生动的表述，有谁不会为这样的演讲者拍手喝彩呢？

我们万万不能低估声音对演讲效果的影响，有穿透力的声音可以让你在第一时间就将听众的耳朵抓住，如果在这一点上都做不好，听众是无法全心全意听完你的演讲的。

先"声"夺人，在我看来，这里的"声"更应该是声音的艺术。就如同好的歌手一样，好嗓音可以为其加分，没有人的声音天生就是动人的，很多专业的歌唱家都是通过后天练习锻炼自己声音的。

第一部分
形象管理：精彩演讲始于完美的感官印象

"演"到位，才能"讲"得精彩

演讲，既要演也要讲，要想讲得精彩，作为演讲者的我们也必须"演"得到位。我们在当众表达和演讲时不仅要传递信息，更重要的是要向听众传递我们的感受、判断以及态度。

不知道，作为读者的你是否知道这样一组数据：演讲对听众产生影响的比例中，文字内容只占7%，语音、语调等部分占38%，而其中占比达到55%的却是肢体语言。

肢体语言，其实就是演讲中"演"的部分，这部分是增强演讲整体感染力、表现力、影响力不可或缺的一个环节，因此，要想成为一个演讲高手，提升"演"的能力就显得尤为重要。而"演"的能力的高低在当众表达和演讲中主要是通过手势、站姿、表情及行为礼仪四个部分得以体现的。

在这一节中，我将从手势、站姿、表情、礼仪四个部分分别讲述，只要我们能够准确把握并运用这些技巧，就一定能为我们的演讲插上自由的翅膀,让演讲变得更有活力和魅力。

在日常的沟通之中,有时候我们的一个简单手势,就能让对方理解我们想要表达的意思。例如,拿食指竖着抵在嘴唇上,大家都知道这是禁止喧哗,不要再说话的意思;士兵在执行任务的时候,几个简单的手势就能够传达出作战命令。我们在日常生活中沟通和表达时,会自然而然地使用手势,而当我们在很多人面前发言和演讲时,反倒会拘谨地站在舞台上"不知所措"。这是因为,我们大多数人担心自己的手势不适宜,因此不敢用手势。

在实际的教学培训中,为了解决学员的这个困扰,我便创造出"八字诀"和"312快手"这两种方法,来帮助学员快速解决手势使用的问题。

"八字诀"其实就是简单、对称、重复、夸大四个词语的延伸运用。如果我们将这"八字诀"运用到实际的演讲中去,就可以让我们的演讲变得更有吸引力。

我的一个朋友老刘是一家互联网公司的市场部总监,经常要在路演和项目说明会上面对人群和客户进行产品推介和演讲,他在演讲的时候会习惯性地做一个动作:手画圈。他

第一部分
形象管理：精彩演讲始于完美的感官印象

的这个动作很熟练，弧线很优美，听众看了这样的动作之后会自然地觉得他很投入，很自信。

类似朋友老刘的这种简单的动作，非常适合运用在演讲中。随着演讲次数的不断增多，我们会慢慢地形成自己的特色，将一个**简单**的动作变成我们自己的招牌动作。每个人都应该找到适合自己的招牌动作，可以结合自己的职业、身份地位、环境以及经常演讲的主题和内容找到这个动作。

在这里我们要注意的是，这个动作一定要简单一些，不能太复杂，否则不但不能增强我们的演讲效果，听众反而会觉得演讲者不够庄重。

当我们找到适合自己的招牌动作之后，我们的演讲便会有着独属于我们自己的特点。在演讲中，如果动作只用一次的话，听众是记不住的，我们在演讲过程中可以结合情绪和演讲内容进行有意识的**重复**，这样就会加深听众的印象。

随着重复次数的不断增加，如果只是做一个简单的动作，会让听众觉得单调与枯燥，在这个基础上，我们可以适当地增加一些**对称**的动作。比如挥手，可以左手挥动、右手挥动、双手挥；再比如拿麦克风的时候，可以时不时地换手，不要总是用一只手拿。

"八字诀"里,除了简单、重复、对称外,还有一个就是**夸大**。对于夸大,很多人无法直接理解,总觉得这样讲话会很别扭,其实强调夸大主要的原因是,随着听众数量的增加,我们自身所具备的能量也应该增大,演讲者需要把自己的感受放大,如此才能确保听众的感觉足够强烈。

例如,给听众分水喝,一位听众一杯就够了,但如果有100位听众呢?那就需要一桶水,甚至是更多。在这里我们需要注意的是,手势幅度和情感强度及内容的深度是需要匹配的,要避免过度夸张。

除了掌握简单、重复、对称、夸大这"八字诀"以外,我们应该怎样具体练习和设计手势动作呢?为了使复杂的手势变得更简单和容易掌握,大家可以通过"312快手"这个方法来简化演讲的手势。

"3"是以肩和腰为分界线,把手势活动区域分为上、中、下三个区域:

高于肩膀,划分为上区,当手势在这个区域活动时,表达的是特别积极、张扬、亢奋、热烈的情绪。这个区域的手势一般会在演讲的高潮部分使用,切记不要在演讲的过程中过多使用。

第一部分
形象管理：精彩演讲始于完美的感官印象

低于肩膀，高于腰，划分为中区，当手势在这个区域活动时，表达的是一种平等、真挚、开放的交流心态。这也是一般情况下手势运用最多的区域，当然，在这个区域内的手势也是可以有高度上的变化的：情绪强烈一些，尽量接近肩；情绪弱一些，可以低一些靠近腰部。

在演讲的过程中我们尽量不要静止下来，要不停地变化自己的动作，有时快，有时慢，有时高，有时低，有时强，有时弱，只要是和演讲内容、情绪匹配的，就可以自由发挥。

低于腰，划分为下区，当手势在这个区域活动时，表达的是厌恶、强烈不满以及特别消极和无奈的情绪。这个区域的手势很少单独运用，一般在演讲中会与其他手势进行对比和组合运用，形成强烈的情感冲击和态度呈现。

在一般的交流场合中，我们应尽可能地让自己的手势在中区活动，并且随着情感和内容的变化而变化。这也就是"312快手"中"3"的部分。"12"的部分是单双手的选择，当听众少或者场地较小的时候，可以采用单手来做手势；当听众多、场地较大的时候，可以采用双手来做手势。

将"八字口诀"和"312快手"结合起来，多加练习，假以时日，你的手势会越来越自然，也越来越流畅。针对手势练习，我们可以经常对着镜子进行练习。通过镜子找到最适合自己的手势，然后多加练习，将其变成自己的习惯。另外，在做手势的同时，还需要配合眼神、表情和其他肢体语言，尤其应该注意配合内容进行特别设计，并反复训练，才能使动作自然流畅、得体大方。

演讲或者当众表达的时候，如果没有一个撑得住场面的站姿，下面的听众是无法看到演讲者从内向外散发的自信的。平日里随意、松松垮垮的站姿一定不能出现在舞台上，而像军人那样笔挺的站姿又显得过于拘谨，甚至是有些呆板。

男性和女性的站姿是不能相提并论的，男士站在台上的时候，应把双脚脚尖稍微张开一些，与肩膀的宽度大致相同，或比肩膀稍微宽一些。

有些人的站姿有点外八字，这些人上台的时候就需要注意将双脚稍微回收一点。

女士站在台上的时候，脚尖应该略微地张开一些，但宽度不应超过自己的肩宽。很多女士有内八字站立的习惯，这是不可取的，这样的站姿会显得演讲者不够自信大方。女士演讲的时候可以选择丁字步，并且在演讲中自由地变换承重腿，但不要太过频繁，最好是在内容或情感转折时自然地变换。

第一部分
形象管理：精彩演讲始于完美的感官印象

在演讲的过程中，我们还可以让身体稍微前倾，这样可以显得积极友好。当我们，需要向听众询问或者倾听听众讲话的时候，要把自己的身体略微前倾，以示尊重。

要是讲话的听众是年长的人，而且还是坐着的时候，就不能站着，必须要蹲下来，和听众一般高，以示平等，这样的站姿会很好地拉近听众与演讲者的距离，同时这些行为也可以让听众看到演讲者是一个有礼貌、有修养、懂得尊重他人的人。

有一句大家耳熟能详的话"站如松"，指的就是站立要像松树那样挺拔端正。站姿是静力造型，显现的是静态美。规范的站姿要求头正，两眼平视前方，嘴微闭，表情自然，稍带微笑；两肩平正，放松并稍向后下沉。两臂自然下垂，中指对准裤缝线；挺胸收腹腰正，臀部向内向上收紧；两腿立直贴紧，两脚跟靠拢，脚尖向外夹角60度。

良好的站姿从侧面看，应该是后脑勺、肩、臀部、后脚跟大致在同一条直线上，但由于我们大部分人没有经过专业的形体训练，会出现颈部前伸、驼背、胸部不挺括、塌腰挺肚、耸肩等形体问题，我们可以通过训练调整规范自己的站姿，最常见的训练站姿的方法有四种，下面我将一一介绍：

第一种方法：拉脖子。将颈椎向上拉直，想象自己的头顶有根绳子在向上提拉，同时注意做到不抬下巴，也不压出双下巴，双眼自然平视前方，双肩肩舒展地打开并自然地往下沉，肚脐眼向后靠，尾椎骨向内收，尽量使颈椎、胸椎、腰椎、尾椎成一条直线，膝关节用劲站稳，然后自然呼吸。

第二种方法：靠墙站。背靠墙，尽量让自己的头部、肩、臀、脚后跟等部位贴向墙。

第三种方法：沉肩练习。两腿分开，双手自然下垂，将肩膀尽量地往下沉，同时两手尽量地向下伸去摸膝关节。

第四种方法：半脚尖站。双手轻轻扶住椅子背或窗台，双脚并拢尽量夹紧，然后将臀部、会阴、肛门尽量往上提收，肚脐眼向内收，但不能憋气。双肩自然打开，脖子拉长，眼睛盯着一个点不动，嘴角上翘，尽可能地露齿微笑。

无论是当众表达还是演讲，作为面对听众的演讲者，面部表情也是需要格外注意的一个环节，在舞台上，一定要保持自然的微笑。在日常生活中，很大一部分人由于缺乏演讲经验，在台上演讲的时候，表情会显得格外僵硬，如果我们平时多加练习和训练，就能够有效改变这种情况。

微笑应发自内心，在训练的时候我们可以想着快乐的事

第一部分
形象管理：精彩演讲始于完美的感官印象

情，或者配上优美的乐曲，还可以用嘴咬一根筷子，眼睛盯着一个点尽量不动，坚持一分钟，通过一段时间的训练，我们的面部表情就会自然很多。

成功的演讲是内外兼修，并且是演讲者多方面素质综合应用的结果，正如我在本节内容开始时说的那样，"演讲，既要演也要讲，要想讲得精彩，作为演讲者的我们也必须'演'得到位"。细节决定成败，只要我们做好在舞台上的每个细节，就能让我们的演讲更加出彩，"演"得更到位。

演讲思维：
提升影响力的艺术

提升影响力，从提升自信开始

在正式开始阅读本节内容之前，请身为读者的你先思考这样一个问题：有时候，明明我们都准备好了要说什么，甚至将演讲的内容都已经背诵得滚瓜烂熟，但是，等一开口说的时候，说出来的内容却和原来的完全不同，甚至会出现完全说不出话来的情形，这是为什么呢？

其实，这都是很正常的事情，没有经受过刻意训练，大多数人都会这样，出现这样的情况最根本的原因是，不自信而造成的紧张。

诚如《道德经》里说的那样，"合抱之木，生于毫末；九层之台，起于累土；千里之行，始于足下。"任何人都不是天生就会演讲的，演讲的时候我们为什么会紧张，同时我们又该如何改变这种状况呢？在接下来的内容里我将一步步地为大家讲解。

第一部分
形象管理：精彩演讲始于完美的感官印象

在公众演讲和表达能力进阶的征程中，出现在大多数人眼前的第一个拦路虎便是紧张。可以毫不夸张地说，克服公众场合讲话时产生的紧张感是一场战役，而且还是一场非打不可且非常艰难的战役。

我们会在何种情况下感到紧张呢？是对某一事物产生恐惧时，还是在面对陌生环境的时候？其实以上几种情况都会让我们或多或少地感觉到紧张，导致我们紧张的最关键的因素就是自信心的缺乏。

自信心能够在我们面对困难和机遇的时候，给予我们强大的力量。但自信却有个天生的敌人——过度担心而产生的犹豫，尤其是在演讲和当众讲话的时候，这一点最为突出。

在演讲和当众讲话的时候，我们会瞻前顾后地担心自己会不会讲错话，声音好不好听，任何细节都会在心里被斤斤计较一番，以致过多的内心压力使我们的表达变得磕磕绊绊起来，而这就是典型的不自信的症状，这些都会对你的演讲和当众表达造成致命的打击，从而使你丢掉原本唾手可得的荣誉、赞许和成功。

曾经有两位同学在做演讲的时候，在台上总是不知道该将自己的视线放到哪里，每次说不到两分钟，就开始吞吞吐吐，视线总是有意无意地往天花板跑。其中有一位女同学说着说着竟然哭了起来,搞得台下的同学都不知道发生了什么。

后来我问她为什么会哭,她说:"我说着说着就忘了后面该说什么了,看到你们都看着我,我就慌张了,越慌张就越想不起来后面该说什么,一紧张就哭了。"

另外一位同学听完之后,说:"演讲的时候,我太想把原本准备好的东西分享给大家了,可我又担心表达不好,而且我要讲的东西非常专业,生怕大家听不明白,想着想着心里就没有底了。"

其实这两位同学所出现的问题,都是不自信造成的。紧张、不自信已经成了阻碍我们发展当众表达能力最主要的障碍了,我们必须对此解决这一问题。

谁都会紧张,但并非所有人都能克服紧张,就连我自己也不例外。当外部环境突变并且需要做出相应调整的时候,往往就会因为担心无法准确控制即将发生的事情,而变得前怕狼后怕虎,进而无法自如应对,紧张以及焦虑就此便会产生。

很多人在演讲开始之前,便会担心自己讲不好,还有要是有人持反对意见怎么办?要是他们不喜欢听怎么办?这些担心的问题,其实都是不自信的表现。不自信产生的危害极大,要想改变它并不难,关键是要有步骤,尤其是在开始之前。

多年来,在从事演讲培训的过程中,我发现通过如下三种方法可以帮助学员迅速重塑自信,让他们在面对听众的时候保持自信爽朗的状态:

第一步:心态上不要小看自己,多给自己打气

有这样一个例子:在讲台上,她手舞足蹈,脖子伸得老长,嘴里还支支吾吾的,时不时还会诡异地笑几声,然后颤颤巍巍地走向听众,你能想象这样的演讲场景吗?

演讲的人叫黄美廉,自小便患有脑性麻痹症,这种疾病会使肢体失去平衡感,同时手足会时常乱动,嘴里也会经常念叨一些模糊不清的词语,在外人看来会觉得十分怪异。医生在很早的时候就判定她活不过6岁。在常人看来,她已失去了语言表达能力与正常生活的能力,更不要说以后会有什么前途与幸福了。

但她却坚强地活了下来,而且靠着顽强的意志和毅力,考上了美国著名的加州大学,并获得了艺术类博士研究生学位。上天关上了她的一扇窗,她却自己为自己打造了一扇门——依靠着手中的画笔,还有健全的听力,抒发自己的情感。在一次大学讲演会上,一位学生贸然地这样提问:"黄博士,你从小就长成这个样子,请问你是如何看待你自己?你有过怨恨吗?"

在场的人都暗暗责怪这个学生的贸然无礼,但黄美廉却没有半点不高兴,她十分坦然地在黑板上写下了这样一行字:

我好可爱;我的腿很长很美;爸爸妈妈那么爱我;我会画画,我会写稿;我有一只可爱的猫。

最后,她以这样一句话来结尾,"我只在意我所拥有的,从不去关注我所没有的!"

她的演讲超越了生命,更超脱了肉体,其精神内核都是灵魂碰撞出来的能量。在台上的黄美廉闪耀着光芒,她的演讲谈不上使用了什么高级的技巧,甚至她自身也不具备基本的演讲能力,但这些并不影响她的演讲打动在座的所有的听众,这是因为在她身上有一种极其强大、超乎常人的自信。

我们大多数人身体都很健康,基本的生理机能要比黄美廉强很多,却没有她那样的自信。面对这样的困境,我们必须重新去看待自己,接纳自己。

第一部分
形象管理：精彩演讲始于完美的感官印象

我们一定要相信：你能够站在众人面前讲话，有这样的机会，就证明你有比他人强的地方，既然明白了这一点，为什么还要自卑呢？凭什么领导让你而不是别人主持会议？凭什么让你发表意见而不是别人呢？

拥有自信的第一步，是你一定要找到比别人强的地方，这是一个在公众面前做演讲的人必须具备的。否则，一旦你在台上畏畏缩缩、磕磕绊绊，谁还会听你的？恐怕接下来就是听众们纷纷开小差的时间了。

在开始演讲之前，记得在心里对自己说，"我能站在这里就已经是胜利了，我的准备已经很充分了，我是最棒的！"这些话语都是激励你讲下去的理由。

如果平日里想要锻炼自己的自信，你就要敢于做一些平常自己不敢做的事情。比如，去做一些刺激的娱乐项目：像欢乐谷的翻滚列车、跳楼机，等等。或者你也可以找一面镜子，一遍一遍地重复"我就是最棒的！"日复一日地坚持下去，你就会渐渐地变得敢于面对众人，到了这时，你都有勇气面对众人了，还会怕自己没有自信吗？

第二步：深呼吸，记住关键词，转移一下注意力，你可以成功的

演讲思维：
提升影响力的艺术

大多数人不自信是因为，在面对目标时感觉自己难以完成，继而一种深深的挫败感便会浮上心头，正是这种挫败感导致了我们的不自信。

面对这样的情况，我们就应该像万达公司董事长王健林说的那样，先给自己设定一个小目标——这个目标不能太大，一定要在力所能及的范围内完成，完成这个小目标之后再一步一步地完成最终的大目标。

演讲过程中我们会因为忘词而加剧紧张感，这时候，我们应该怎么办？首先，在开始前罗列好演讲的基本要点，然后熟悉并将其牢牢记在心中。在演讲开始的时候，先深呼吸，调整好自己的状态，然后采取先总后分的方式，根据你所罗列好的基本要点自由发挥，同时尽量用你自己的语言来表述。

在准备和罗列要点时，首先要熟悉所讲的对象，将每一个要表达的点设置成关键词，每一个要点所对应的关键词最多不能超过三个，比如，描述一个人的时候就可以用一些比较口语化的词语形成关键词来对应要点，例如"高大上""白富美"这样的词。

在演讲的时候，用一两句直白的话将这些关键词再串接

第一部分
形象管理：精彩演讲始于完美的感官印象

起来，这样便能够，很轻松地将你要说的内容表达出来了。例如你在演讲中可以这样介绍你的朋友，"这是我的一个朋友，他拥有高学历、大格局、上进心，是我一直学习的榜样。"然后再进行更为细致的描述，这些特点都是怎样体现出来的。这个方法，可以让你的思维变得更加清晰，思维一旦清晰，演讲自然不会出现卡壳。

有的朋友在用了这个方法之后，演讲时还是会出现忘词的情况。如果是这样的话，那你可以准备一个小卡片，上面写上关键词或句子，这个方法也可以避免忘词所造成的尴尬和紧张，就像很多主持人那样，他们手上都会拿着卡片或是不时地看一看提词器。

演讲过程中一旦出现忘词的情况，听众的目光就会很快集中在演讲人的身上，越看你就越觉得紧张，你越是紧张就越是想不起词来。演讲，并不是让你把之前准备的内容一字不落地背诵出来，只要你能够将所要说的事情以及所要传达的思想完整地表述出来，便是一场完美的演讲。

很多有经验的演讲家在演讲的时候，从不会将自己的目光停留在一个听众身上超过三秒钟，而是不停地扫视全场的听众，然后时不时地与一个听众对视一下，这种行为被称之为"灯塔效应"。

在演讲的过程中，如果，你总是将自己的目光停留在一个地方，很容易让自己产生慌张和紧张的心理，如果不及时规避这种行为，你的紧张感会更加强烈。遇到这样的情况，你可以试着这样做：手中拿一些小物件上台，如一瓶矿泉水、一块手帕，这些都能够帮助你减轻自己在台上的压力，紧张的时候喝一口水，或者捏一捏手帕、擦一擦汗，都可以帮助你调整情绪，舒缓紧张的心情。

其实，还有很多的小技巧可以帮助我们缓解紧张，例如上场前深呼吸几下，让大量的氧气进入身体中，这样做可以让大脑释放更多让人舒服的化学物质，同样也能够缓解因为紧张所造成的血压上升、心跳加速等症状。

第三步：多讲故事，发挥自身长处，避免短处

尽可能多的用故事来填充你的演讲。严格意义上来说，听故事的时候，听众的关注度要比你用说教语气和理论性话语时高得多。而且，故事中的人和事也能够很好地帮助演讲者将自己想要表达的观点陈述给大家，同时这也是一种降低演讲难度的行之有效的技巧。

用故事帮助演讲者将自己的想法生动地具象化，再用真实

第一部分
形象管理：精彩演讲始于完美的感官印象

的情感来润色故事，能够使听众很好地融入你的演讲中来。但需要注意的是，不要用不动人的故事来讲解，应该拿自己听到的，或者是与大家息息相关的故事来讲述，用动人的故事来阐明你所要表述的中心思想能够很好地使听众融入你演讲中。

在这里我们要切记，不要随便编造故事，随意编造的故事会让我们在心里产生一种"我在欺骗他们"的想法，同时一旦有人质疑你所编造的故事，瞬间便会将你的自信击垮。

在演讲的过程中尽量规避讲述自己不熟悉和不想讲的内容，仔细分析哪些要讲的内容是自己熟悉的，或者是自己急切地想要表达的，把这些最重要的话语，放到演讲最开始的环节，讲得越细致越好。这样做可以让你更容易找到演讲的感觉，渐入佳境，同时听众们也会被你的情绪所感染。

如果那些不熟悉和不想讲的内容不得不讲，那么就尽量将这些内容放到演讲的结尾部分，因为一般演讲进行到结尾的时候，你已经将自己熟悉的内容都表达了出来，同时演讲的环境你也熟悉了，那种由于紧张所造成的不自然在这个时候也已经得到了缓解，同时听众还沉浸在你之前的演讲内容之中，自然就会忽略掉你在表达不熟悉的地方所犯下的小错误。

最后我想提醒大家一下，与众不同才是最好的。比如在《国家宝藏》这档栏目中，很多在众人面前不怎么敢表达自己思想的文物考古工作者，一旦谈及自己所熟悉的领域，就会如滔滔江水一般讲个不停，甚至还需要主持人引导才能够停下来。

这其实就是典型的谈及自己所擅长的东西而信心十足的表现。与其尴尬地讲自己不懂的东西，不如在准备要演讲的内容时，加一些自己擅长的东西，这样你在演讲的时候就能够充满自信。

生活中我们常会遇到一些"茶壶里煮饺子——有嘴倒（道）不出"不善言辞的男生，这些男生在向自己所喜欢的姑娘表白的时候，会很聪慧地利用自己熟悉的内容或方式，来表达自己心中的爱意。这样的表白方式远比什么海誓山盟或者玫瑰花攻势要浪漫和有效的多。

著名的乒乓球国手容国团曾经说过："人生能有几回搏？"将紧张转化为自己的动力，淋漓地展现自己的自信，不时地逼一逼自己，勇敢地去拼一下，你也能够成为一个充满魅力，富有活力和动力的偶像。挣脱束缚着自己的枷锁，将自信的一面展现出来，微微一笑，在人生的舞台上，不争第一，只做唯一。

第一部分
形象管理：精彩演讲始于完美的感官印象

激发表达欲，让你的大脑不再空白一片

每个人的经历概括起来都是一本与众不同的书，都有着属于各自的独一无二的精彩，有些人很愿意将这些精彩分享出来，于是就有更多的人知道了他的故事；而更多的人则是默默地珍藏着自己的精彩，这些精彩随着岁月流逝慢慢地被灰尘所覆盖，不知道阅读这本书的你，是否有的时候也希望把自己心中一些美好的东西讲述给别人听呢？

演讲是当众表达最行之有效的一种方式，它能快速地打动与征服听众，在这个过程中，为了能够更好地激发自己的状态、投入情感以及提升自我的能量，就需要我们发掘自己的内驱力，而这个内动力，就是你的表达欲，它越强烈，你就会越投入，演讲效果自然就会越好。

在这种内驱力的驱动下，你的演讲会格外生动并富有充沛的感情，否则，听众就无法真切地感受到你的真情实感，

演讲思维：
提升影响力的艺术

就不会认为你是真心来分享和讲述你内心的故事的。

也许你会觉得自己并非天生的演说家，也许你会觉得自己无法在众目睽睽之下自如地表现自己，即便你说的是一个真实而生动的故事，或者是一段很有哲理、充满正能量的话语，但这些却无法让你自己兴奋和激动起来，更别说让听众感同身受了。

遇到这种情况我们应该怎么办？尤其是当我们的表达欲极低，或者是表达出来的东西无法融入自己的情感的时候，我们应该如何克服这些问题呢？在长期培训的过程中，我会用三个简单的步骤去帮助学员克服这些困难：

第一步：学会与自己对话

想必大多数人都看过周星驰演的《九品芝麻官》，电影中有一个桥段特别经典：周星驰独自一个人对着大海，疯狂地练习跟自己吵架，最后神功大成，人送外号"吵架王"。其实这就是一种很好的能够帮助大家激发演讲欲望的方式，当然，这里提到这个桥段的本意不是希望大家练习吵架的本领，而是希望你借用这种方式来激发自己的表达欲望。

当我们在当众演讲的时候，听众的反应就是他们对演讲内容的最直接的反馈。通过听众们的反应，我们可以对演讲

第一部分
形象管理：精彩演讲始于完美的感官印象

做出准确的判断，例如演讲内容是否吸引人，演讲效果是否好，等等。

要想让听众感觉更好，评价更高，首先就需要我们将自己的情感融入所要表达的内容中去，这样便能将情感充分地传递给听众。演讲过程中我们可以通过控制面部表情来影响我们的听众，当听众受到影响的时候便会与我们产生心理上的共鸣。

想要与听众产生共鸣，就需要演讲者投入十足的感情，这种感情一旦被听众所感知，演讲者便会从他们的反应中直观地感受到，这种反馈会促使演讲者继续讲下去。

那么，怎样才能够激发出我们的演讲欲望呢？其实在生活中，我们普通人和那些演讲专家相比，只是缺乏了一种看似微不足道，但又十分重要的表达方式——自言自语。

众多的演讲家为了锻炼自己的演讲情感和表达欲望，常常采用的方式就是，"自我精神分裂"——将一个人变成两个人，然后自己跟自己讲故事、谈观点、辩事实，等到把自己说服、感动、震撼后，再将这些内容分享给听众，听众自然而然就会被你的演讲说服、感动、震撼。

同周星驰电影里的桥段一样，我们也应该时常对着镜子自己进行练习，完全将镜子中的自己当成另外一个人，自己对自己说话，讲故事，表达观点。随着练习时间的增加，你真的就会把镜子中的自己当成另外一个人。

在这样的练习中，你会慢慢地学会将自己所要表达的情感融入演讲内容中，同时你也会在这个过程中发现一些问题，在刚开始练习的时候，你会体验到很大的挫败感，因为你发现自己的演讲连自己都无法感动。随着日积月累的练习，你会逐步摆脱镜子，毫不阻滞地讲出很多东西来。到了这个时候你便会发现，自己仿佛变了个人。当你开始主动地自言自语的时候，那么你的表达欲便被成功地激发了出来。

第二步：感动自己再感动他人

在完成自言自语的能力培养之后，接下来的第二步就是，选择一个好的故事。在前面的内容中我就讲过——故事无论好坏，一定要真实。演讲极为忌讳一点，就是演讲中所讲的故事是杜撰瞎编的，除非你是一名受过专业培训的主持人或者表演演员，否则你是无法把一个杜撰出来的故事讲得生动形象的。

大家都知道这样一句话，"谎言在说了很多遍之后，自己都会觉得是真的。"但无论你把一个杜撰出来的故事说多少遍，

第一部分
形象管理：精彩演讲始于完美的感官印象

它的本质都是假的，并不具有真实的感情，因此表达出来的效果始终是有瑕疵的。所以，如何将我们的真情实感融入演讲内容中，则是我们需要着重考虑的问题。

其实这个问题很容易解决——选择一个能够感动你自己的故事。只有你自己被这个故事感动了，才能够将内心真实的感动分享给听众，所以说，选择一个好的故事是一个成功演讲的前提条件之一。

我们大家在日常生活中，并不是很容易被感动或震撼到，这种共情的心理也需要一定的练习，比如看一些感人的影视剧，或者是听一些感动人心的故事，日复一日地坚持下去，这样便能够为你的演讲积累越来越多的感人素材。

例如，经典催泪电影《忠犬八公》，很大一部分女生都是红肿着双眼看完的。对于那些比较理性以及泪点较高的男生来说，往往是那些有关兄弟情或者是比较热血感人的故事使他们受感动。总而言之，还是那句话，只有感动了自己的故事，才能感动他人。

第三步：寻求认同感，说给熟悉的朋友听

前面的两步分别是教会大家与自己对话和感动自己再感动他人，接下来到了正式演讲的时候，我们应该先去寻求认同感。认同感的意思是,向自己熟悉的朋友或者亲人讲述你要上台演讲的内容,然后去观察他们的反应从而得到及时的反馈。

这样做的好处在于,你可以提前观察到你所分享的内容是否能够得到大家的认同。他们是否会与你所讲的内容产生情感上的共鸣,如果没有,分析自己的问题出在哪里:究竟是故事本身不够感人,还是自己的表达出了问题?

如果所选择的故事已经感动到了自己,那么问题则应该是你在表达过程中没有用好的技巧来打动你的听众。造成这种后果的方式有很多,例如你的语音出了问题,或者是你的陈述过于平淡,没有抑扬顿挫,这些失误都会将一个原本很好的演讲弄得很差。

还有一点需要注意的是,上台演讲前一定要放松再放松,不要像僵硬的机器那样说话。无论是肢体动作,还是面部表情,这些都可以有效地帮助你传递情感。千万不要因为自己的面部表情丰富,而担心会让听众感到奇怪,站在舞台上就是表演,难免需要有一定的夸张成分,这样的效果反而会让听众从侧面感受到你的演讲和沟通是充满了情感的。

此外,我们还需要注意演讲时的节奏和语气。适时的停

第一部分
形象管理：精彩演讲始于完美的感官印象

顿可以让听众有一个思考和鼓掌的机会，变换的语调也更容易让听众融入你的演讲，不要在乎你的嗓音是否清亮，有时候沙哑的嗓音反而会有出其不意的效果，这会让听众觉得你是一个饱经世事且具有丰富阅历的人。

让听众的情感随着你的表达而波动，就好比他们是演讲者所塑造的情感大海中的一艘小船，你的语调、节奏、嗓音、肢体动作以及面部表情，都可以在这情感大海之中掀起波浪，听众们自然就会随着你的思绪和情感而波动起伏。

在演讲的最后，设置一个美妙的休止符，让听众回到现实，清醒过来。当聚光灯照在你身上，掌声爆发出来的时候，你收获的认同感会瞬间飙升，而这收获感也会更进一步地激发你的表达欲。

掌声是对演讲者最大的肯定和鼓励。即便是来自朋友的掌声，对你接下来的演讲也会有极大的帮助。

在这里给大家分享一个小窍门，这可以为你的演讲加分，在上台演讲前，你可以尝试听一段能够触动你内心的歌曲，用美妙的音符打开自己的心扉，这样有助于你表达内心的真情实感，同时，在演讲的时候，可以选用一些适合演讲主题的音乐做背景音乐。

演讲思维：
提升影响力的艺术

在演讲过程中，你要根据音乐的节奏来规划演讲的板块分布。例如副歌部分可以讲述迸发情感的故事高潮，主歌部分铺垫故事的背景，为高潮打下伏笔，这个方法能够更好地将听众的情感带入。

演讲类节目《我是演说家》和《朗读者》在演讲者情感迸发的时候，背景音乐正好也同步到达了高潮，这很明显是精心设计的，这方法能够让听众与演讲者产生极大的共鸣，让听众切实感受到演讲者的内心情感。因此，适当的背景音乐对于激发演讲者的表达欲望以及带动听众情感是很有帮助的。

只有先感动自己，才能够感动他人，这是激发演讲者表达欲望的最基本要求。我们的演讲者是有血有肉并且富有情感的人，听众同样也是如此，当演讲者产生强烈的表达欲望的时候，他就会爱上这个舞台，想要迫不及待地将自己的感受分享给大家。

当演讲结束后，舞台下那雷鸣般的掌声，就是对你最好的肯定和鼓励，你的内心会被这掌声所震撼，听众的认同会激发你不断说下去的欲望。

第一部分
形象管理：精彩演讲始于完美的感官印象

塑造完美形象，瞬间抓住听众的眼球

我相信选择这本书的朋友都是想要提升自己演讲和沟通能力的，但我还是不得不提醒大家，这段征程要比你想象的困难得多，所以，一定要坚持坚持再坚持。

不知道大家是否感觉到当自己拥有自信后，再遇到演讲和当众表达时就不会感到焦虑。只要肯努力练习，你一定可以成为一个沟通高手，在这一章我将继续就如何提升演讲能力以及加深听众对演讲者的印象进行探讨。

礼仪大体上可以分为两种，一种是形象礼仪，另一种是行为礼仪。这两者的重要性想必大家都应该知道，"你的形象价值百万"这种说法在一定程度上来说是对的，这说明你做到了知行合一，非常注重自己的形象塑造，从妆容到服装再到配饰都做得很到位，甚至做到了根据不同的场合要求，恰如其分地调整和搭配。但仍旧有很多人无法准确地把握自我

演讲思维：
提升影响力的艺术

形象的塑造。

演讲者的形象在一定程度上会影响到听众的第一印象。若是听众对演讲者的第一印象不好，那无论演讲者的演讲内容多么精彩，都会受到这个第一印象的影响。

这种偏见一旦形成，是很难让听众对演讲者所说的内容有所信服的，进而会在一定程度上削弱演讲者的感染力和影响力。如果想要改变这种状况，那么就必须要塑造具备个人魅力的演讲者形象。

演讲者的衣着搭配：

演讲的时候应该穿什么衣服呢？这其实是很有讲究的。TED演讲中的演讲者的衣着打扮就可以给我们提供一些参考。

著名的TED演讲大会上，针对所有演讲嘉宾的着装，组织者都会给出很多不同的建议，比如不要穿带有条纹或是图案比较复杂的服装，也不要选择颜色过于鲜亮或是有闪光珠宝的衣服，这是为了避免影响拍摄时的效果。

另外，所选衣服的颜色最好与舞台的灰色背景形成反差，这是为了避免摄像时整个人融入背景之中，形成反差可以凸显出演讲者的整体形象。

有时候就连TED的周边活动——TED小演讲对于演讲者

第一部分
形象管理：精彩演讲始于完美的感官印象

的着装也有一定要求。若是在华盛顿特区以及旧金山举行的TEDMED演讲大会上，穿休闲装也是可以的；而在曼哈顿，着装风格一般是以舒适为主，如牛仔裤、羊毛衫等，就算不正式也没有多大的关系。这些情况说明了什么？演讲者在演讲的时候，一定要根据不同的环境和听众的喜好以及演讲的主题来选择适合自己的着装。

在演讲准备阶段，演讲者该如何根据演讲的主题来选择自己的着装呢？如果是比较严肃的主题，最好不要穿得太轻浮，否则就会显得你对这个话题或是听众不够重视。

同样的道理，较为轻松的主题不要穿得过于严肃，否则就不能调动听众的积极性，演讲的气氛也会显得很尴尬。例如你的演讲主题是分享一些生活中的小妙招，这就需要你跟听众有一定的互动，或者是你演讲的主题是给小孩子分享一些轻松愉快的内容，那么如果你穿的是非常正式的西装就会显得格外拘谨。

对于不习惯张扬自己个性的中国人来说，整洁大方、朴素端庄、轻便协调就能够很好地应付各种演讲的主题。在这里，我有几个小技巧想要分享给大家：如果是比较严肃的主题，可以选择深色的衣服，能给人一种庄重与深沉的感觉；而若是轻松的主题，则尽可能选择浅色的衣服，这样会让听众觉得清爽舒适。具体来说，白色会让人感到纯净，蓝色会让人觉得恬静，红色会让人感到刺激与兴奋，黄色则会让人感到愉快。

演讲时，演讲者一定要让听众感受到亲近，要学会拉近与听众之间的距离，否则的话，原本很好的分享和演讲就会变成枯燥的说教，这会让听众感觉到自己好像回到了学生时代，产生厌烦感。

如果演讲者是女士的话，就尽可能地展示自己的魅力，可以选择下半身穿一条深色的长裤或者是一条过膝的长裙，上衣也可以相应搭配，如穿一件圆领的浅色衣服，这样会显得大方得体、有亲和力、魅力无尽。

若是男士做演讲，如果主题和场合都不是过于严谨和正式，可以穿一条牛仔裤，但要注意可不是破洞的那种，是很中规中矩的那种，上身一件素色、不带条纹或是斑点的衬衫，再搭配一件休闲西装，甚至衬衫可以稍微开一点领口，这样会显得更加有活力。

重要的演讲场合，一定要在上台演讲前的几天就准备好当天的衣服，然后穿上试试是否合适，也可以让自己的朋友看一

第一部分
形象管理：精彩演讲始于完美的感官印象

看，这样便能够知道大家是否能够接受你的穿着打扮了。或者也可以在网上搜集一些成功人士的演讲视频，看看他们是如何着装的。

演讲者的眼神塑造：

不知道大家有没有听过这样一句话——"确认过眼神，你就是对的人"。演讲者除了在衣着上进行塑造外，在眼神上也要有所改变，要足够灵活。大家都知道"眼睛是心灵的窗户"，随意、涣散的眼神是无法说服听众的，要想塑造自己在众人面前的良好形象，眼神自然也得注意。

在这里，我给大家讲述一个真实的小故事，故事的主人公是我们个人发展学会粉丝群的一位同学，他在进行过一段时间的学习后，意识到了眼神的重要性，于是就天天坚持目光训练，最终练就了一双炯炯有神的眼睛。

有一天，他坐公交汽车时手机被小偷偷走了，但丢了手机的他却很冷静，不慌不忙地从前排开始，一个一个地与车上的人目光对视，没想到仅仅通过眼神，他就很快判断出谁是小偷了。他说，在与小偷对峙的过程中，他没有吵也没有闹，仅仅用眼神就将对方的心理防线攻破了，最后小偷乖乖地将手机还了回来。

确实，眼神是具有力量的，自信的眼神会为你赢取更多的机会。在演讲时你也可以利用恰当的眼神塑造你的良好形象，将目光主动投向听众，或坚定、或专业、或慈善、或温柔、或关心、或理解……当你的眼神中传递出你想要表达的情感并且被听众接收到的时候，他就不得不认真地倾听你的演讲并感受你的情感与情绪了。

大家可以通过以下三种常见的方法锻炼自己的眼神：

第一种方法：点视法

即重点观察某一局部的听众。对专心致志听讲的听众，你可以投以赞许和感谢的目光，拉近他们与你的心理距离；对记笔记感到吃力的"困难户"，你可以投以帮助的目光，他们会感到更加温暖，很可能会回馈给你感激地点头或微笑；对于那些面有疑云的听众，你可以投以启发引导性的目光，使其神态趋于安定；对那些想发问，但心情紧张而又欲言又止的听众，你可以投以鼓励的目光，可以使他们鼓起勇气进行提问；对那些交头接耳、频频躁动的"不安静区"，你需要给予制止性的目光，他们就会知趣地停止"小动作"。

点视法的目的是多样的，目光根据需要有多种含义，可以根据实际情况自由选择，使用目光点视法要避免和听众的

第一部分
形象管理：精彩演讲始于完美的感官印象

目光长时间直接接触，因为那样不仅会使点视的听众感到局促不安，而且也会使其他听众受到冷落。

第二种方法：虚视法

就是眼睛看似盯着某些听众，但实际上并没有看，而就听众来说，他们会感觉到我们在注视他们。这种方法既可以使我们彰显出在台上的端庄神态，还便于控制整场的气氛，同时可以减少由于紧张而产生的心理压力。

在回忆和描述某些情景时，虚视法还会给听众一种演讲者沉浸在所描述场景中的感觉，引导听众更加积极地进入所描述的意境中。在表示缅怀、敬慕之情时，虚视法有利于烘托气氛，更利于感染听众。

作为演讲的初学者，在你演讲时感到特别紧张的时候，也可以运用虚视法。虚视法运用的场合要注意限制，运用时间也不宜过多，否则容易使听众产生演讲者过于傲慢的错觉。

第三方法：环视法

即让目光像探照灯一样扫射夜空，有节奏有周期性地环视会场。环视是照顾全场，统观全局的一种观察法，目的是观察和发现整个会场听众的动态，从而快速接收听众对于演讲的反馈。

听众如果感到演讲者在关注自己，会增加亲近感，提升

演讲思维:
提升影响力的艺术

参与的意愿。使用环视法时必须注意：不要忽略任何角落的听众。可以采取三个大方向的环视：左前45度、正前方和右前方45度。

要让每一个听众都觉得自己没有被忽视，这样可以避免听众感到被轻视而觉得心理不平衡，同时也要注意头部不要摆动幅度太大，或眼珠不停地乱动，这会让听众感到茫然而不知所措。

演讲者的声音塑造：

演讲是通过声音来传递信息的。好的口语表达不仅要求要准确、恰当地表情达意，而且还要求声声入耳，娓娓动听，使听众心潮激荡，如痴如醉，完全陶醉于演讲之中。

例如濮存昕老师和演员王凯的声音，就会让人觉得很舒服、很深沉、很有穿透力，好像他们的声音自带低音似的。要想让自己的演讲更加吸引人，我们必须对自己的声音进行调整，下面的三个要点可以有效地帮助我们提升声音的魅力：

1.声音要正确清楚。为了有效地传达出演讲者的思想与情感，我们首先要做到吐字正确清楚。如果发音不对或者不清楚，听众就无法准确领会演讲者所要传达的意思。对于这样的要求，大家可以在注意语音准确性的前提下大声地朗读，如果你平时讲话的语速较快，那么可以刻意地将其减慢一点，语速控制在每分钟200字左右即可。

2.声音要富于变化。演讲者的声音要富于变化，如果演讲的声音平淡且没有任何变化，就会使听众昏昏欲睡，甚至还会令人烦躁不安。声音的变化，不仅是听众的要求，也是演讲所要表达情感的要求。内容庄重的演讲要采用严肃的声音；内容平和的演讲要采用舒缓的声音。这些小技巧，我们在演讲时都需要注意加以运用。

3.声音要有穿透力。演讲时的声音除了要符合上述的要求以外，还需要有穿透力。为此，演讲者一定要克服喃喃自语的演讲习惯，在演讲的时候，要有穿透力，要让人感受到鼓舞和振奋。倘若声音没有穿透力，就无法起到感染听众的作用。

此外，演讲时声音还要持久，有的演讲者在演讲的初期，声音还是比较有力量的，但是随着演讲的时间逐渐拉长，越讲越无力，这种有始无终的声音，必将会削弱整个演讲的效果，听众也会怀疑演讲者的自信心，进而对演讲的内容产生怀疑。

通过不断的练习与调整，你的声音会大幅度地改观。比如，你觉得自己的声音持久度不够，那就要注意用嗓的科学习惯，

演讲思维：
提升影响力的艺术

增强气息训练，多参加体育运动，都可以有效帮助塑造你的声音。

著名行为心理学家尼克森教授提出了著名的形象效应理论："人们通常会用三个词语描述成功的领导者——性格、能力、形象。"其中，一个人的形象将直接影响到人们对他前两项的认识。

是的，形象对于成功尤其重要，对于演讲者也同样不可或缺。衣服是死的，但眼神和声音是活的，只要你在这三个方面都能够有所加强，那么作为演讲者的你，在舞台上的形象一定会变得更加鲜活灵动。好听好看就是好的演讲，良好的形象可以为我们的演讲加分，更能提升我们个人的影响力。

第二部分

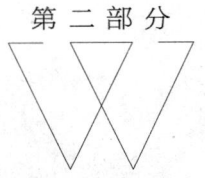

聚焦内容：

让你的演讲更有影响力

当我们靠着"外在"内容将听众的注意力吸引过来之后,接下来,我们就要靠着,有质感的演讲内容,去占领听众的精神世界。

第二部分
聚焦内容：让你的演讲更有影响力

内容升级彰显你的演讲价值

　　作为演讲者，在演讲中，为了让听众将注意力一直聚集在自己身上，为了让自己的特点、优势、风格得以最大程度地展现，也为了征服听众，我们必须提升我们的演讲格局，让听众感受到一种来自心灵的冲击。

　　格局一词通常被用来形容有档次的格调，俗话说得好："人往高处走，水往低处流。"人们会不断地追求更美好的事物，不断地提升自己的品味，同时也会不断地提高自己的档次。

　　其实在演讲或当众表达的时候也是如此，每个演讲者都希望自己的演讲能在听众听得懂的前提下，显得"高大上"，也就是更有格局，比如把一些基本话语进行调整和更改："关我什么事"改成"开心就好"，把"买买买"改成"可以考虑入手"，这样做更改之后是不是就会显得格外有格局。

　　在演讲的时候显得有格局，最重要的作用是彰显个人文化和个人素养，并以此来吸引听众。我们的大脑除了记载日常生活、学习、工作中的点点滴滴，还要存储和处理我们充沛的情感，以及接收各种来自外界的知识、信息，等等。而这些都是宝贵的财富，如果我们在演讲的时候可以把它们全部调动起来，运用到演讲中，就会极大地提升演讲的格局。

古诗词和数字这两种语言素材，可以有效提升我们演讲的格局和效果。大多数人在学生时代就学习了很多的古诗词，但是在日常生活和工作的表达中很少会用到它们，毕竟日常生活中更多时候我们讲的是普通话，如果满嘴的"之乎者也"，可能会让人感到文绉绉、酸溜溜的，所以久而久之，大多数人就不怎么注意或是直接遗忘掉古诗词了。

古诗词本身是很美的，具备极其特别的人文情怀和内涵，如果把学过的古诗文运用到演讲中，只要运用得当，那效果会非常好。例如，清华大学的学生杨奇函参加《我是演说家》节目时，就在自己的演讲内容中运用了大量的古诗词，引发全场嘉宾赞叹。下面我们就来欣赏一段他的演讲：

举个例子，有位姑娘分手了，跟一"渣男"分手了，她发微博时一般会怎么说？"人的一生总要遇到几个人渣。"对

第二部分
聚焦内容：让你的演讲更有影响力

吧。如果懂古诗词的姑娘会怎么说？"从此无心爱良夜，任他明月下西楼。"你看这么有文化的话语，前男友肯定后悔了，对吧？

你再比如说，我们在网上聊天时，会用到这么一句话"你说的好有道理，我竟无言以对"，用古诗词怎么讲？"此中有真意，欲辨已忘言。"

网上有些小伙喜欢和女孩子聊天，上来直接就问人家"约吗？"直接来这一句，肯定没人理他。如果你用古诗词说："不知入夜能来否，红蜡先教刻五分。"分分钟就显得有文化、有诗意了。

上面这段话是不是很美？我们来分析一下杨奇函同学是如何在演讲中加入古诗词的。

首先，如果要把古诗词添加到演讲当中，就要有充足的前情描述作为铺垫，让听众能够更好地理解选用的诗句。单个的古诗词比较短，很难让听众像听懂白话一样听懂。

所以，最好是能够先给出一些描述，比如，"妆罢低声问夫婿，画眉深浅入时无"这句古诗，在使用之前，首先用白话描绘一下当时的情境："早晨，新娘子画好了自己的面妆，

演讲思维：
提升影响力的艺术

低声问一下自己的丈夫，眉毛好看吗？符不符合当下的潮流？"铺垫完后再接上这句古诗，听众一下子就能明白诗词的意思了。像这样，既能方便听众理解，同时也能提升演讲者的格局，让听众赞叹：原来是这么一个意思啊！

如果是一些说理说事的古诗词，我们可以先把说这句古诗词的情境交代一下，或者用一些小故事来铺垫引出。比如，"那些吃空饷，不作为的官员是不会明白为什么楷模能够被老百姓记一辈子的，朱门酒肉臭，路有冻死骨，只有深切地体会过老百姓的生活后，才能明白老百姓真正需要的是什么。"

古诗古文能够为演讲添色加彩，使演讲者在演讲的时候充满文化气息，更有利于提升演讲的格局。不过，在使用古诗词时，也要有一些需要特别注意的地方：

1.引用的古诗词不宜过多，毕竟这是演讲，而不是古诗词专场，太多的古诗词会造成喧宾夺主的场面，让听众认为演讲者是穷酸秀才，满口的"之乎者也"也不够接地气。

2.要使用的古诗词一定要是熟悉的诗人的作品，不要使用过于冷门的古诗词，因为听众可能会听不懂，不知道说的是什么意思，这样也不能体现演讲者的格局。引用的古诗文

第二部分
聚焦内容：让你的演讲更有影响力

最好是多数人学过的，这样自己既能够快速回忆起来，也能够让听众熟悉，产生共鸣和认同感，增加现场的气氛。

如果说古诗词是给学文科的演讲者准备的，那么接下来的内容便是，学理科的人喜欢的部分。在演讲中，如果我们能嵌入一些实际数据，用一系列的数据使听众热血沸腾起来，那将会为演讲增添无穷的魅力。

通过数据对比，听众将会直观地体会到演讲内容的震撼。同时，数据的引用与列举是非常讲究技巧的，如果胡乱引用反而会得不偿失。

用生物学对于有毒动物的描述来给大家做一个示例：

蓝环章鱼是海洋中有名的化学杀手，它的毒液毒性在全世界已知的有毒生物中排名第三，虽然其个体只有高尔夫球大小——但其毒液能让人变得虚弱且是致命的。其毒液能在10分钟内让受害者呼吸衰竭，并在30分钟内身亡。一只蓝环章鱼咬一口释放的毒液足以杀死26位成年人，而且目前还没有有效的抗毒素。

在这一段中，引用了很多的数据来对蓝环章鱼进行描述，例如,"排名第三""10分钟""30分钟""26位成年人"。几个简单的数字就能够让听众听得心惊胆战,但如果真的按照专业的计量单位来进行讲述的话,恐怕效果就会变差。

比如,将"咬一口释放的毒液足以杀死26位成年人"换成"咬一口释放的毒液是氰化钾的10000倍",不了解氰化钾的听众恐怕很难理解蓝环章鱼毒性的威力究竟有多厉害。分析上面这个例子我们就可以知道,数据的引用和添加也是有隐形逻辑的,数据用对了可以有效提升演讲格局,而数据用错了怕是会得不偿失。

引用数据时需要注意以下几个方面:

数据要质不要量。数据不要太多太密集,多了会丢失主要信息,也不容易让演讲者本人记住,除了关键和要进行感叹的信息,最好不要使用过多的数字。

让数据更直观。意思是,要能够迅速让听众感受到数据的冲击感。可以用一些生活中常见的物体来形容数据,将一些熟悉的物体作为计量单位。

例如,"北京新机场占地面积惊人,在钢梁框架搭建的候机楼中,可以容下两个'鸟巢体育场'。"这样描述北京新机场的面积就要比直接给出占地的具体数据更具冲击力,"鸟巢

第二部分
聚焦内容：让你的演讲更有影响力

体育场"我们大多数人都很熟悉，两个"鸟巢体育场"的面积在听众脑海中会有大概的画面，但如果只是说多少公顷，大家可能是没有任何概念的。

根据情况转换数据。这种方法会让数据显得特别震撼，实际上却是换汤不换药，只是让听众的感觉变了而已。例如，在影视剧《亮剑》中，司令员说"拿5吨炮弹换下李云龙"，大家就会觉得很震撼。其实在军事术语中，炮弹的用量是基数，一个基数的炮弹是25吨，但如果说"拿0.2个基数的炮弹换下李云龙"，听众听了之后就没有那么大的冲击力了。

提升演讲的层次、水平和格局，可以通过融入古诗词和合理使用数据两种方法达成。在演讲中融入古诗词需要注意数量和质量，不要过度，并且尽可能地选择听众所熟知的古诗词。

在使用数据时，我们要注意质量比数量更重要，而且数据要尽可能简单、直观，还要结合听众的情况进行合理转换。只要在演讲中注意这些小细节，就可以有效提升我们的演讲格局，让听众感受来自心灵的冲击。

提升演讲和当众表达能力是一场马拉松比赛，在这个过程中，我们需要不断学习新知识、新技能，不断唤醒我们记

演讲思维：
提升影响力的艺术

忆库中那些沉睡的、特别的、精彩的信息，并将其大胆地添加到演讲中，只要运用得当，就一定会做出与众不同、精彩异常的演讲，也会让听众收获不一样的感受。

第二部分
聚焦内容：让你的演讲更有影响力

开场白不好，等于白开场

一个完美的演讲必然会有一个完美的开场白，开场白是演讲的一个重要部分。

为什么说它重要呢？一个好的开场白能够瞬间吸引听众的注意力，同时也能够让大家对演讲者产生一个初步的大致印象。在演讲准备工作中，设计一个精彩的开场白往往是最难的，毕竟万事开头难。

但是我们也不能因为难就轻易放弃掉，既然选择在演讲的舞台上"挥斥方遒"，那么这个舞台就要我们自己去搭建，而设计好一个精彩的开场白就是我们搭建属于自己的演讲舞台的第一步。

设计一个精彩的开场白看似很难，其实和大多数事物一样，精彩的开场白也是有着其背后隐藏的逻辑的，在长期实践培训过程中，我通常会用下面四招来教导我的学员设置一个完美的开场白。

第一招：草木皆为剑！让所有人都听到你对他们的赞美

一个吸引人的演讲开场白是有其背后的逻辑的，简单来说就是有一定的"套路"。在分析过大量精彩演讲的开场白之后，我发现很多精彩的开场白中会有大量的赞美听众的话语，我把这一招数称作"草木皆为剑"。在演讲的时候，演讲者是没有办法针对每个人沟通和演讲的，尤其在开场白的时候。

那么，我们该怎样做才能让听众将注意力快速地聚集到我们身上呢？其实很简单，无论听众的性别、年龄、受教育程度有何差异，我们所有人都有一个共同的特点——喜欢听好话。

既然大家都喜欢听好话，那么我们就用大家都爱听的话来吸引大家的注意力。在演讲一开始，先赞美一下台下的听众，这样的方式能够快速吸引听众的注意力，并且能同时引发听众的心理共鸣。在与公众或团体沟通的时候，如果我们能够针对以下三个小地方来进行开场白设置，就一定能为我们的演讲加分：

首先，我们要在演讲前做一些准备工作。在上台之前做一点功课，根据现场的环境、听众的背景来设置开场白中的

第二部分
聚焦内容：让你的演讲更有影响力

赞美语言，赞美的话一定要说得足够妥帖与应景，这样才能够让听众高兴。

当赞美的语言让听众觉得自己很重要时，他们就会给予我们正面的回馈。有一句俗语："见人说人话，见鬼说鬼话。"这句话是有贬义的，但是我们可以取其好的一面运用到演讲之中去，根据听众的大背景和现场的环境，设计一个他们喜欢听的开场白就能够化草木为剑，让听众的注意力快速地集中到你的身上。

其次，主动发掘他人的价值，让听众对自身的价值感到自豪。一位演讲大师去"麦当劳"进行演讲，演讲的开场白是这样的："每年，不知道有多少人吃过你们的汉堡，不过，我是少数几个会亲自向你们道谢的人。感谢你们每天为我们提供的这么方便、快速的餐点与服务。"

再比如，如果我们是给一群做保险业务的人做演讲，我们应该采用这样的话术："今天很高兴有机会给一群很特别的人演讲，这群人能够为很多家庭提供保障，让很多人没有后顾之忧，而你们就是这群特别的人。"对这种主动发掘并赞美听众价值的话语，听众在听到之后会心生快乐，同时也能够激起他们的自豪感。当听众心生快乐并感到自豪时，演讲者自然会在他们内心留下好的印象。

最后,我们可以通过抛出一些问题和制造悬念来设置开场白。这种方法的目的是抓住听众的注意力。例如,在一场演讲中,演讲者在演讲正式开始前问了大家一个问题:"请问在座的各位,二加二等于多少?"底下的听众一片沉默,因为大家觉得这个问题太简单了,一定暗藏陷阱,自然就会集中注意力听演讲者会给出什么样的回答。

然后,演讲者继续说:"其实,二加二等于多少的答案在不同的场景之下会有无限种可能。打个比方,如果业务和生产部门合作得亲密无间,那么创造出来的效益,就会远远超过两个部门加起来的总和。所以,二加二可以等于四,也可以等于五,甚至是等于六,这就是我今天在这里要演讲的主题——团队合作。"

这样的开场白是不是会让听众们觉得"耳目一新",从而集中注意力听演讲者继续进行后面的叙述。

在演讲一开始制造悬念能快速引起听众的好奇心,深深地吸引住他们的注意力,这样的方式对演讲的整体效果十分有益。人都有好奇的天性,在开场白中制造悬念,不但能够激发听众强烈的兴趣和好奇心,而且在适当的时候解开悬念会使听众的好奇心得到满足，使演讲前后有所呼应。

第二招：重剑无锋，大巧不工！说好一个故事

听众们普遍最讨厌长篇大论的道理或说教，如果演讲者摆出一副高高在上灌输大道理的样子，大部分听众从一开始就会拒绝听演讲。因为他们来听演讲不是为了来被训的，而是想要听到一些对自己有用的东西。

道理谁都会讲，而好的故事却只有一小部分人会说。虽然讲故事是非常简单的开场白，但"重剑无锋，大巧不工"，听众能够在听故事的过程中慢慢地静下心来。作为演讲者，你可以将故事理解为演讲前的热场。

开场白所要说的故事，可以从平时看过的报纸、杂志、电影、电视等多方面渠道进行截取，也可以是我们的切身经历。故事最好不要太长，也不要太复杂，最好可以在两分钟之内讲完，最重要的是故事的内容能契合演讲的主题。不论是赞美、制造悬疑或是说故事，其目的都是为了吸引听众，当现场听众的注意力被你抓住的时候，你接下来的演讲就能说得更加从容且有自信。

当你在开场白环节讲一个与自己有密切联系并能引出演讲主题的故事时，一定要注意这个故事必须是完整且足够吸引人的，要有情节和主要人物，要能将听众引入一种忘我的境界，并将自己的思想观点不动声色地融入到故事中去。

例如，1962年，82岁高龄的麦克阿瑟回到了母校西点军校。这里的一草一木都令他眷恋不已，仿佛又回到了青春时光。在授勋仪式上，他发表了演讲，他是这样开头的：

今天早上，我走出旅馆的时候，看门人问道："将军，你上哪儿去？"一听说我要到西点时，他说："那可是个好地方，您从前去过吗？"

这个小故事的情节极为简单，叙述也朴实无华，但所蕴含的感情却是深沉的、丰富的。这个故事既说明了西点军校在人们心中非同寻常的地位，从而激起听众的自豪感，也表达了麦克阿瑟对母校的眷恋之情。接着，麦克阿瑟不露痕迹地过渡到"责任——荣誉——国家"这个主题上来，一切都水到渠成，自然妥帖。

第三招：无形剑气！先示弱，再用强

在留给听众一个或温文尔雅、或知性大方、或热情似火的第一印象后，下面就要乘势发表你的言论了，可以先说上

第二部分
聚焦内容：让你的演讲更有影响力

几句带有刺激性的话，让听众有一种大吃一惊的感觉，这会在无形中给听众一种压迫感，就好比是剑法的至高境界——无形剑气，让对手在看不见的情况下就感受到十足的压迫感。我们通常可以在开场白部分使用"警句"来达到这一效果，而"警句"通常会有两种形式：

一、宣布型的警句

"请各位注意！在各位之中，今天晚上可能有一个人无法平安回家。"这是一位宣传公共安全演讲人所使用的开场白。

"从现在到今年年底，诸位之中可能会有一人遭遇车祸，有三人变成残疾人。"这是一位宣传交通安全的讲演人所用的开场白。

二、质问型的警句

"当我被指派来演讲的那一刻，我正在沉思一件奇妙的事，请大家猜一猜我在沉思什么？"

这些"警句"式的开场白，能够在无形中抓住听众的注意力，演讲者利用这些耸人听闻的话语引起听众的关注，能够让听众继续听你讲下去，他们会迫不及待地想要知道究竟出了什么事。

这种疑问会在听众中蔓延，他们急切地想要缓解这种情绪，而这样的情绪会支持听众继续听你讲下去。

第四招：出其不意，一鸣惊人

大多数朋友在平日的工作和生活中都是踏踏实实、兢兢业业的，久而久之便养成一就是一，二就是二的认知习惯，就连在语言表达中也是实实在在、毫不夸张，这种朴实的作风的确值得我们学习。

当众表达更像是一次思想上的爆发，个人能量在短时间内被急速放大，所以在这个过程中，我们可以适当地运用夸张的手法或是从不同的角度来对演讲的内容和主题加以渲染，从而引起听众的重视。

这样说并不是教导大家要说假话，只是我们在当众表达的时候需要对我们的语言进行艺术化的处理，让听众听起来更舒服，更容易接受我们所要传达的观念。

要想在演讲中迅速地吸引听众的注意力，可以在演讲开场白的环节，通过描绘一个异乎寻常的场面，或述说一个触目惊心的数据，或描述一个耸人听闻的事情，达成"此言一出，举座皆惊"的艺术效果，这样一来，听众不仅会蓦然凝神，而且还会侧耳细听，更多地探询演讲者的讲话内容。

有这样一个事例，一位班主任在毕业欢送会上向学生致

第二部分
聚焦内容：让你的演讲更有影响力

辞。他一开口便让学生疑窦丛生，"我原本想祝福大家一帆风顺，但仔细一想，这样说并不恰当。"就是这样一句让大家摸不着头脑的话，使得下面的学生屏声静气地听老师继续说下去，"祝福你们的人生一帆风顺就如同祝某人万寿无疆一样，是一个美丽而又空洞的谎言。人生漫漫，你们将来必然会遇到许多的艰难困苦，比如……"最后得出结论，"不一帆风顺的人生才是真实的人生，在逆风险浪中拼搏的人生才是最辉煌的人生。祝大家奋力拼搏，在坎坷的征程中，用坚实有力的步伐走向美好的未来！"

这位班主任的话语给学生们留下了难以磨灭的印象，即便多年以后，该班主任的话语依然回荡在许多同学的耳边。"一帆风顺"是非常常见的祝福语，而这位老师偏偏反其道而行之，从另一角度给了学生一些真实的人生体悟以及寄语，这样的开场白无异于平地惊雷，怎能不震撼人心呢？

打造一个精彩的开场白的方式还有很多，但只要我们用心学好这四招，就足以写出一个精彩的开场白了。

演讲思维：
提升影响力的艺术

如何让你的演讲具有清晰的逻辑

有些人可能会觉得"演讲的逻辑和条理"这样的表述很专业，感觉这样的表述离我们的日常生活很遥远。

仔细观察你会发现，在日常生活中，我们在跟人交流时往往说了一大堆，对方却压根没有理解我们想要说的是什么；或者是领导找我们问一些事情的时候，我们总是会觉得自己汇报得已经够明白了，但领导还是不清楚我们说的是什么意思，而这样的情况如果发生的次数多了，很容易导致我们在工作上不被重用。

在这一节内容中，我将为大家介绍三种简单的方法，让我们无论是在演讲还是当众表达时更有逻辑、更有条理，以便让听众听得更清楚、更明白，只有这样我们才能做到在演讲中有条理有层次地说服我们的听众。

第一种方法：说服式逻辑，通过因果关系把一件事情描

第二部分
聚焦内容：让你的演讲更有影响力

述清楚，从而说服听众

我们先来看一位同学的案例，他在没有学习逻辑说服的情况下，是这样表述自己的语言的：

因为他的销售业绩突出，全票当选成为部门经理。他每天规定自己看两小时销售前辈写的书籍，以提高理论指导；但竞争很激烈，谁都想成为部门经理。王明通过自己的一系列努力实现了这一目标，之前还参加了口才培训，提高了表达能力和说服能力，哦，对了，这件事情发生在去年王明刚来销售部时。

看完这段话之后，你的第一感觉是不是这段话非常凌乱？我们接下来再看一下这位同学在学习过逻辑说服后的表述：

去年王明刚来到销售部的时候，梦想成为销售部的经理。但是竞争很激烈，那怎么办呢？

王明通过自己的一系列努力实现了这一目标：

1.他规定自己每天看两小时销售前辈写的书籍，以提高销售理论知识；

2. 参加口才培训，提高了表达能力和说服能力；

3. 因为他的销售业绩突出，全票当选成为部门经理。

这样表述是不是就显得逻辑清晰了很多？甚至字里行间还有赞扬和自豪感自然地流露出来。

这位同学在学习前是想到哪就说到哪，所以呈现出来的语言显得格外凌乱，听众自然是很难听懂、记清的。当他学习了逻辑之后，表达就清晰了很多，这样的语言表述即便是听众时间忙，只听了前面的两句，也会明白演讲者所要表达的意思。

这就是逻辑在描述事物时体现出的巨大优势。在长期的演讲培训过程中，我会让学员按照以下五个步骤进行逻辑梳理：

1. 引出疑问

为什么先要引出疑问呢？在语言表达中，这是吸引听众注意力最好的方法。

大家先看一段这样的描述：

这是一幅同学们在教室讲台前的合影，总共有17人，其

第二部分
聚焦内容：让你的演讲更有影响力

中5位女生，12位男生。前排站着3个女生和一个男生，其中两个女生用双手撑着课桌，课桌上放着三个水杯和几页讲义，有一个男生穿着黑色的T恤，戴着眼镜。

第二排站着7位同学，最左边的女生竖着大拇指，笑得很灿烂，五位男生都彼此扶着肩，最中间的男生咧嘴笑着。

后排的挂钟右下面站着一名女生，9点37分，秒针正对着她的头顶，其他5位同学站在黑板前面。他们都很快乐，脸上洋溢着微笑，就好像是在考试中取得了好成绩。

这张照片描述完了，请回答三个简单的问题：

第一：墙上的钟表是几点几分？第二：桌子上有几个杯子？第三：几个同学戴眼镜？

正确答案是:9点37分;3个杯子;6位同学戴眼镜。

你答出了几道题,又答对了几道题?由于在描述前并没有给出问题,所以大家的注意力并没有关注到这些,听众也都是这样,他们只会关注自己比较敏感的信息,所以有些会记得很清楚,有些却会模糊,甚至是遗忘。

倘若先提出问题,比如说,桌子上有几个杯子?那么大家就专注于杯子的信息。其实我们在说话时也一样,当我们说话前先提出疑问,具有不同想法的听众,就会将注意力放到你的演讲内容上来。这样一来,演讲者和听众的思维就会一致,可以更高效地进行沟通。

2.筛选事实

筛选事实说的是不要表达与内容无关的信息。在演讲的时候,我们切记所要表达的内容都要与中心思想有关。例如下面这段描述:

我看过这样一本书,书的大致内容是,人要学会战略性的思考才能使自己进步更快。我非常喜欢这本书,是因为我觉得人生就应该聚焦自己的优势去发展。下午,我和女朋友约会,我们看了一场电影,看到恐怖场景的时候,她尖叫着抓住我的手……

看完这段话,大家是不是感到有些不知所云,把握不到这段话的主旨,这是在讲人生规划,还是在讲谈恋爱?听众获取的信息太多、太杂,很容易就会产生混乱。所以,在当众表达时,主旨思想一定要统一,一次只讲一个主题,并结合演讲的主题进行事例筛选,有利于主题呈现的保留,其他不相关的则一律删除,只有这样,听众才能清晰地听懂你所说的,也才能准确地把握你所要表达的中心思想。

3.结论先行

提出疑问后,紧接着我们就要给出答案。这样做的目的是为了不给听众增加过多的思维负担。尤其是在工作汇报的时候,领导比较忙,他更在意的是结果,而不是事情的经过。所以先说结论是听众最期待的。

例如,你完成了一个销售项目,刚从外地回来,给领导汇报工作,你就可以这样说:我们超额完成了这次销售任务。我们是从以下几个方面完成的……

结论先行的表达模式,更多的是运用在工作当中,目的是为了提高工作效率。在日常的沟通交流中,我们就不必这么严格。例如相声的"三翻四抖",先铺垫,再提出结果,让听众哄堂大笑。

比如,你和朋友或家人聊天时,更重要的是享受过程中的细节和感受,结论先行这样的讲话方式大家要灵活地运用,以避免自己的表达变得呆板,甚至让人觉得冷冰冰的,这样就有点画蛇添足了。

4.归纳分类

每一个论据都是相互独立的。在演讲中,许多观点是需要我们归纳分类然后再进行筛选的,我们不能将过多的观点未经筛选地呈现给听众,观点过多会造成听众信息接收混乱。

在演讲一开场的时候引出疑问,让听众聚焦到我们的观点中来,紧接着再提出看法或结论,之后就是论证观点的过程,也就是我们大家常说的要有理有据。

需要注意的是,各论据之间是没有交叉的,也就是说为了证明你的观点,所需要的论据应该足够丰富并且是不同种类、不同角度的。就像是图书馆的图书分类,有经济、政治、地理等各种分类。

5.逻辑排序

逻辑排序意思是说,语言的时间和空间关系的顺序梳理。

无论是论据前后顺序的排列，还是讲述论据时的描述，都需要我们清楚地罗列出来。

时间关系其实就是事件的因果关系，也就是一件事情从头到尾的纵向排序。例如，过去、现在与未来的纵向模式。

空间关系指的是，结构关系，就是讲述某地点或者场景的横向排序。比如，讲旅游景点的房间布局等要进行描述的地方。

第二种方法：归纳式的逻辑，能说一句不说三句，句句切中要点

利用归纳式的逻辑组织语言，能一句说完就不用三句，表达做到字字珠玑，句句切中要点。在这里我们可以，运用"四要四不要"策略，使你的当众表达更有分寸，并在说话和人际交往中预留回旋余地，尽可能地给听众留下一个更好的印象；同时，归纳式逻辑表述方法能够让听众迅速地觉得演讲者是一个办事效率很高的人，说话不拖沓。

大家可以通过这样一个事例来理解"四要四不要"策略：

几百年前，一位聪明的老国王召集一群聪明的臣子，交代了一个任务："我要你们编一本《智慧录》，传给后世子孙。"

演讲思维：
提升影响力的艺术

这群聪明人接受老国王的命令之后，便开始了艰苦的工作。他们用了很长一段时间，最终完成了一部十二卷的巨著。

他们将《智慧录》交给老国王看，老国王看了后说："各位大臣，我深信这是各时代的智慧结晶。但是它太厚了，我担心没有人能读完它，再把它浓缩一下吧！"这群聪明人又经过长期的努力工作，删减了很多内容，最后成了一卷书。可老国王依然觉得太长了，命令他们继续浓缩。

这群聪明人把一本书浓缩为一章、一页、一段，最后浓缩成一句话。老国王看到这句话后很高兴，说："各位大臣，这才是各时代的智慧结晶。各地的人只要知道这个真理，我们一直担心的大部分问题就可以顺利解决了。"这句经典的话就是：天下没有免费的午餐。

这个故事告诉我们：

1.要实在，不要花言巧语。说话和办事一样，都要实实在在，不要一味地使用华丽的辞藻。

2.要通俗，不要故作姿态。说话要避免深奥，尽量使用大众化的语言，如俗语、歇后语、幽默笑话等。

3.要简明，不要模糊不清。说话要简明扼要、条理清楚，不要长篇大论、言之无物。

第二部分
聚焦内容：让你的演讲更有影响力

4.要谦虚，不要"摆架子"。假如你在言语中有"摆架子"的嫌疑，倾听的人就会十分反感。这样，非但达不到说话的目的，还会影响听话人的情绪。

归纳逻辑其实就是，从大量的事实中总结归纳出你想要表达的观点，如果素材较多就容易出现混乱，故事多则容易偏题，所以在运用归纳式逻辑时要牢牢把握这个"四要四不要"的规则。

第三种方法：悬念式逻辑，设置悬念让听众产生兴趣，最后给出答案，说服大家

很多人在说话或者与人交谈的时候，会让对方感到乏味，产生不了浓厚的兴趣。

在日常生活中，有一种非常实用的"悬疑"式说话技巧，能瞬间让对方认真地听你说话。真正擅长说话的人，从来都不是平铺直叙地去讲故事的，而是不断地想办法吊起别人的胃口，让别人去追问"后来呢"。

有一期《鲁豫有约》采访到了李宇春。刚开始的时候，鲁豫并没有把李宇春的名字说出来，而是先讲了这样一段话：

"我常常想，一年三百六十五天，一定有某一天，在世界

演讲思维：
提升影响力的艺术

的某一个地方，某一个人的梦想会突然变成现实。在2005年，这一年当中有几个女孩子，她们在亿万听众面前实现了自己的梦想，这其中有一个人，她因为独特的'帅气'赢得了很多人的喜爱，她就是——"底下的听众异口同声地回答："李——宇——春！"

就这样，在听众的欢呼声中，李宇春出场了。这样的效果，远比"今天我们请来的嘉宾是李宇春"要好得多。

人是有好奇天性的，一旦有了疑惑，就非得探明究竟不可。当然，制造悬念不等同于故弄玄虚，我们既不能频繁地使用，也不能悬而不解，而是要在适当的时候解开悬念，使对方的好奇心得以满足，这样才能更好地保持对方继续听演讲的兴趣。

演讲不是说教，我们更多的是需要去说服听众，而说服的最高境界莫过于，引导对方主动说出你想要的答案，为了达到这种效果，我们可以借助"逻辑"这件秘密武器，有条理有层次地说服引导我们的听众。

第二部分
聚焦内容：让你的演讲更有影响力

演讲就是会"卖"故事

在当今的文化环境以及时代背景之下，我们每天所要接收的信息是非常杂乱且无规律的，在这样的背景之下，我们在日常交流中很难让自己与他人的沟通高效起来。

仔细观察日常生活，我们会发现，那些擅长讲故事的人都会让自己的表达自带品牌价值，像马云、王建林、董明珠这些成功人士，哪一个不是讲故事的高手？那么我们怎样做才能把一个故事说好呢？怎样才能让听众觉得我们是故事大王呢？

在这一节的内容中，我将给大家分享一些，在过去长期实践培训过程中，总结出的一些有关如何讲好故事的方法。

许多精彩的演讲都是以叙述故事为主体的，这不足为奇。与深奥的阐释或复杂的论点阐述不同的是，我们每个人都会讲故事，故事通常都有一个简单的线性结构，容易理解。当我们是听众的时候，只需跟随讲述者的话语便能踏上故事的旅程，一步一步地向前推进，在不知不觉中，我们便会发觉自己已经被演讲者改变了思想。

当然，你在聆听故事的时候，会与故事中的情节或人物产生共鸣，当你自己与故事产生共鸣后，会发觉自己不知不觉地陷入了故事中人物的思想和情感纠葛中。你会真切地感受到故事人物的喜怒哀乐，这使得你会更加关注故事的结局，你的注意力也会被牢牢地抓住。

精彩故事的要素有哪些？经典的模式是：一位怀有使命感的主人公在遇到意料之外的障碍时陷入了危机，他试图克服障碍，继而故事发展至高潮，直至结尾。

优秀的演讲家在舞台呈现出来的精彩故事，不仅故事本身精彩，同时他们在演绎故事的时候也会让听众觉得精彩。

我们普通人要想达到同样的效果，则需要经过长时间的训练，既要提升故事演绎的技巧，又要提升语言组织能力，改进故事的情节，甚至还要不断提升我们的自信心，同时还要丰富我们演讲和当众表达的经验。

这个过程也许会很漫长，但对于需要上舞台分享故事的初学者，则可以通过四个讲故事的要点来快速提升自己讲故

第二部分
聚焦内容：让你的演讲更有影响力

事的能力，这四个要点分别是：

1.**故事要有一个引起听众共鸣的主人公。**

2.**通过激发兴趣、制造悬念或危险等形成故事的张力。**

3.**适当提供细节，如果细节太少，故事会显得不够生动，如果太多则会显得冗长。**

4.**要有令人满意的结局，或有趣、或感人、或给人启迪。**

听众被故事吸引，被故事打动，都源于你所讲故事的叙述过程，因此，精心设计你的故事是完全值得的。针对这四个讲故事的要点，我们可以用下面的四个小技巧来加以体现和升华：

一、故事需要蕴藏道理

通常，我们会在故事里放入那些对我们来说十分重要的细节，尤其是那些我们亲身经历的故事，但听众除了需要了解这些细节外，更想知道你到底想借此表达什么，里面藏着什么道理。

在这里，我们可以通过分析作家毕淑敏的一段故事来体会：

整个下午，戈尔都把自己关在书房里，怎么也想不出这条狗的目标究竟是什么。于是，他来到小花园里透透气，正好看见自己的四个孩子在一起嬉戏打闹,玩得很快乐。

突然,他灵光一闪,觉得狗的目标有了!于是,戈尔再一次把狗送到朋友那里,驯狗师马上就对这只狗进行训练。不久,一条训练有素的狗就出现在戈尔家,它不光成了孩子们最忠实的玩伴和朋友,晚上还肩负起了看家护院的职责——这就是戈尔为自己的狗确定的目标。

瞧,狗有了目标后才能成为一只好狗,人自然就更不用说了。人活一辈子,不能没有目标,特别是年轻时,设立自己的目标并为之而奋斗是头等大事。

在这个小故事里,作家毕淑敏很巧妙地从动物的目标过渡到人的目标,从为狗设立目标的重要性,再到人设立目标的重要性。除了故事精彩,蕴含的道理也是水到渠成地呈现给受众的。

二、情节一定要引人入胜

我们的演讲要想吸引听众,就需要情节引人入胜,而这就要求我们尽可能地把情节生动化,这样才能够让听众的目光和思维跟着我们的故事一直走下去。比方说下面这段演讲中所讲述的故事就很生动:

第二部分
聚焦内容：让你的演讲更有影响力

    我常常能想起我在图书馆度过的那些日子。高高矗立的书架，一册册书井然有序地排列着。我清楚地记得那些在图书馆消磨的日子。那些书架上的书都是不知被多少双手抚摸过、查阅过的。有的封面微微翘起，有的空白处留着不易为人察觉的铅笔的痕迹，然而，对于我，却是亲切无比，仿佛看到了一个个灵魂自由交谈的样子。到了黄昏，图书馆里是沉默而寂静的，一束光线照射进来，打在书脊上，轻尘在微光里飞舞，这一情景总让我想起一段温暖孤独的旅程。

    这样的回忆并非我独自所有。曾经有一个朋友就谈起过类似的场景。他说，在他三岁的时候，父亲因病故去，留给孩子的似乎只有沉重的书了。几个大书架立在屋子里，像矗立着几尊巨大的雕像，占去大半个空间。当他从梦中醒来的时候，常常看到的是光柱裹着微尘照到书架和屋梁上，将整个屋子衬托得既明且暗。我想，这大概就是属于我们这一代人的共同记忆吧。

    演讲者在讲故事的过程中，对特定的情景进行了形象化描述，以增强故事的生动性和具体感。

    当回忆自己在图书馆度过的那些日子时，为了突出图书馆的寂静,用"一束光线照射进来,打在书脊上,轻尘在微光里飞舞"这样优美的句子来增强。

当他讲述朋友幼年读书的时光时,一句"当他从梦中醒来的时候,常常看到的是光柱裹着微尘照到书架和屋梁上,将整个屋子衬托得既明且暗",将朋友当时离开父亲后的孤独和有书籍陪伴的温暖感觉描绘得贴切、生动。

如此娓娓道来的故事,会让听众产生如临其境之感,好像也回到了童年读书的时代,并从中受到强烈的感染。

三、通过细节让听众感同身受

在掌握了通过生动的描述引起听众的兴趣后,我们还要注意,在讲故事的时候,不能冷冰冰的说完就说完了,一定要让听众们感受到我们的感情。

在讲故事的时候,我们要将自己的情绪自然地蔓延到听众身上。这种情感蔓延可以通过肢体动作、语言的力度以及面部的表情来体现。在讲故事的过程中,我们要让听众感受到我们对于这则故事的情感态度,从而使听众被感动,被震撼。

敬一丹老师是著名的主持人,她在一次关于新闻工作者使命感的演讲中,讲述了一个贫困山村带给人的心灵震撼,从而坚定她工作使命感的故事:

第二部分
聚焦内容：让你的演讲更有影响力

那天，当我们走进一户人家采访时，看见一位老妈妈正在屋里煮着一锅黑乎乎的野菜。野菜煮开后，她就往里面洒了一把玉米面。我们都以为那是"猪食"。可过了一会儿，老妈妈端起那碗黑乎乎的东西吃了起来——这就是她家的饭。

我朝屋内四周一打量，她家所有的东西加起来也就值几十块钱。我们的摄像师实在是看不下去了，就拿出一百块钱递给她，说："您拿这钱去买点小猪来养，也许能帮点忙。"听县长说，整个山沟都破不开这一百块钱。哪知，老妈妈竟激动地抱住摄影师说："你是我的儿子！"当时我很难过，不仅是因为我眼前看到的赤裸裸的贫困，还为老妈妈说的这句话。我们做什么了？人家叫我们儿子，把我们看作自己的孩子！

还有一个意外，是在我们看到一群孩子的时候。当我们把文具拿出来时，发现他们都不认识文具，因为他们根本就没法上学。我们拿出一些铅笔，他们对此很陌生；我们拿出有香味的橡皮，他们误以为那是糖。最让我难过的是，那些孩子都没有表情。我之前见过一些面黄肌瘦、衣衫褴褛的孩子，我也能预想到那种场景，可是，当看到孩子们都没了表情的时候，那种难受是发自内心的。

所谓细节，是指演讲者在故事中涉及的人、事、景、物的细微环节。对细节的真切刻画，往往能够给听众留下鲜明的印象和独特的感受，从而增强演讲的现场效果。

在这个故事里，敬一丹老师就为我们真切地刻画了一个又一个细节：被记者误认为是猪食的"洒了一把玉米面"的野菜；老妈妈抱住摄像师说"你是我的儿子"的举动；被孩子们误以为是糖的"有香味的橡皮"以及"那些孩子都没有表情"的麻木。

正是这些细节，真实地反映了山区农村的闭塞与落后以及农民生活的贫困与艰辛，从而增强了作为一名新闻工作者的民生意识。

四、通过设置悬念引导听众

就演讲而言，所谓悬念就是指，在演讲的过程中能够引起听众强烈关注和急切期待的疑点。我在之前的内容里提到过的毕淑敏的案例，她就在故事里巧妙地设置了一个又一个悬念：驯狗师的提问究竟有什么意图？戈尔被拒绝之后又会怎么办？她能为自己的狗确定目标吗？驯狗师到底会不会对她的狗进行专门训练？而她为狗确定的目标又是什么？

作者通过这些富有情节性和吸引力的悬念，使整个故事

第二部分
聚焦内容：让你的演讲更有影响力

显得波澜起伏，让受众觉得故事曲折有趣。所以，高明的演讲者往往善于在故事中巧设悬念，以激发听众对故事的进程和结局强烈的关注兴趣和探究热情。

如果你也想变成故事大王，更好地去分享与众不同的精彩人生；如果你也想让自己的演讲内容自带品牌价值，那么就一定要牢牢地掌握这四个讲故事的小技巧：故事需要蕴藏道理；情节一定要引人入胜；通过细节让听众感同身受；通过设置悬念引导听众。

好的演讲离不开精彩的故事。演讲在一定程度上就可以视为"卖"故事，只有我们用心去构思、去设计，讲求情节性，注重形象化，突出真切感，就能让演讲的故事曲折感人，娓娓动听，给人留下难以忘怀的印象。

演讲思维：
提升影响力的艺术

让演讲更具价值的三种方法

在这一节内容开始之前，请先思考这样一个问题：演讲的价值应该体现在哪里呢？带着这个问题，我们将在这一节的内容中和大家一起讨论有关演讲价值的一些问题，我们到底该如何将我们的体验、思考以及感悟融入演讲中去呢？

一个精彩的演讲必然有其独特的价值，而价值这个东西是因人而异的。但是，只要我们仔细观察就会发现，那些有价值的演讲通常包含着演讲者本身的体验、思考以及感悟，我们在学习演讲的过程中可以通过如下三招来使我们的演讲更有价值：

第一招：事理结合，分享体验，传递社会价值

相信大家都有过类似的经历：在演讲的时候，大段大段的说教是没人愿意听的，而当你讲述一些轻松的事件或是讲故事的时候，听众则会聚精会神地听你讲话。

第二部分
聚焦内容:让你的演讲更有影响力

虽说讲故事这种形式老少皆宜且通俗易懂,但这种方式很容易让演讲者的表达仅停留在让听众愉悦的层面。作为演讲者,我们更希望通过故事来传递正能量和表达自己的观点,这就要求我们所讲的故事一定要事理结合,寓教于乐。

在这样的要求下,我们在选择故事的时候最好是选择"大故事",所谓的大故事不是那种传播范围小、比较小众的故事,而是传播广泛并且能够弘扬正能量的故事,或者是社会中普遍存在的,能够引起听众共鸣的故事。例如,关于家庭以及健康的能够引起听众重视的话题或者故事。

例如,李青老师在《"过劳死"不是疾病,而是现象!》主题演讲中讲过这样一段关于过劳死的话:

猝死并不稀奇,稀奇的是猝死者正当年,都是单位的支柱、家里的天。看看他们的历史,经常熬夜,频繁加班,工作很拼,操劳过度,这就是过劳。

"过劳死"并不是一种疾病,而是一种现象。

从法律角度进行定义,是指用人单位违反国家的相关法律法规,强令或变相强令劳动者超出正常工作时间劳动,从而使劳动者正常的工作规律和生活规律遭到破坏,体内疲劳蓄积并向过劳状态转移,从而导致血压升高和动脉硬化加剧,最终导致死亡。

在医疗行业或其他肩负重大社会责任的行业,强令或变相强令过劳的现象屡见不鲜,"周六保证不休息,周日休息不保证"似乎已经成了流行语和常见的现象,就是因为这样的现象,许多精英都倒在了这种"杀鸡取卵"式的工作制度中。我们不要带血的GDP,同样也不要伤痕累累的成功和财富!

上面这段演讲非常值得大家借鉴:首先,"过劳死"本来就是大家经常能够在职场中或者新闻上看到的现象,与大家的健康息息相关;其次,演讲者从"猝死者正当年"的非正常状况入手,痛斥这种"杀鸡取卵"式的工作制度不可取,传递给听众应引起高度重视的价值理念。

这种由事到理、事理结合的手法,因为有实际的生活案例作为依据,会让听众在兴致盎然和有兴趣倾听的前提下,感知演讲者所传递出来的价值和深入人心的道理。毕竟大家都知道"过劳死"的直接原因,而且在"过劳死"这个现象的认识上,既无奈又厌恶。

在演讲的时候运用这种方式,就像英国前首相丘吉尔说过的那样:"我只是把大家心里都清楚,但又不愿意说出来的东西说了出来而已。"演讲者把听众的心情或看法勇敢地表达出来,替听众们宣泄了情绪,能够得到听众的认可,从而达到增进演讲效果的目的。

第二招:理据兼备,通过思考来彰显文化价值

我们的演讲不仅要体现社会价值,还需要我们用深邃的思考为听众传达文化价值。

我们可以自豪地说,不管是具有高学历的大学教授,还是目不识丁的乡村老叟,只要一提到中国传统文化,多多少少都有一些自己的可谈之处,而且听众在聆听的时候,也很愿意主动听一下演讲者对于传统文化方面的一些思考和认识。

在演讲过程中用深入浅出的方式讲述思考性的东西,能够让听众在听懂的前提下还觉得自己受益匪浅,思想上得到了升华,从而提升演讲内容的文化价值。

就像马未都先生在名为《在功利时代独善其身》的演讲中,深入浅出地阐述了他对儒家文化的独特思考,在那场演讲中,听众普遍觉得马未都先生所做的演讲很有道理,让他们获益匪浅。

演讲当中有段话是这样说的:

演讲思维：
提升影响力的艺术

中日韩三国都在儒家文化圈，但侧重点却不同：日本侧重忠，韩国侧重孝，我们则侧重义。日本人由于忠诚，社会管理成本极低；我们不重忠诚，所以社会管理成本巨大，在中国能管10个人，到日本就能管500个人。

经济危机时，韩国、日本的很多企业员工愿意与企业共存亡，愿意减薪一半跟老板共渡难关，在中国可能吗？讲究孝道，跟韩国不能比，在韩国的电视剧中，孝道永远都是第一位的，每个人进屋的第一件事就是向长辈请安。我们有吗？在中国的电视剧里，永远都是儿女跟爹妈大喊大叫。这个社会既没有忠，又没有孝，就剩下一个功利的"义"字，当我跟你讲义气的时候，是求回报的。

在上面这段话中，我们可以看出马未都先生将儒家文化圈的三个国家进行比较，彰显出传承"忠""孝""义"三者缺一不可的文化价值。

由此可见，在说理时，若能以无可辩驳的事实作为论据，既可以避免空洞无物之弊，又能使听众在认同新价值的同时，对演讲者所讲的道理心服口服。这样一来，演讲的魅力就自然地呈现出来了

第二部分
聚焦内容：让你的演讲更有影响力

第三招：通过真实场景描写，情理交融，彰显涵养价值

除了讲故事、做思考之外，演讲者还可以在演讲中将自身的感受传递给听众，让听众在情绪上产生共鸣，从而在演讲中体会涵养，感知道理——这是另外一种能够提升演讲价值的方法。

特别是在讲述的时候，演讲者将语速降低一些，并适时选择停顿一下，遇到情感迸发的地方眼含热泪，这样的演讲形式会使听众被你的情感感染，而听众在此情此景下所萌发的感悟是最真实，也是最强烈的。

下面大家可以欣赏一段一位军嫂的演讲：

每年我们见面的时间，还不够四十天，但是自从认识他以后，我再也没有感到孤独过。

有时候他晚上站岗，太枯燥的时候会在脑海里给我写诗，在晚上站岗结束以后，就赶紧拿起纸和笔写下来，发给我，我早上一醒来就能看到。

有时候我去外地出差，他知道我很晚才能回来，但是不管多晚，他一定会等到我安全到家以后，才肯睡去。

虽然他能做的真的很有限，但是他时刻都在准备着。

演讲思维：
提升影响力的艺术

很多时候，人们都在歌颂军嫂的付出和伟大，但作为一名妻子，我分内的事情就是无条件地支持他的所有选择。当然，这种选择也包含了每天的担惊受怕。

记得新婚那会儿，忽然有一天，他的电话打不通了，那是第一次他无缘无故地消失，当时我快要急疯了。

几天后，他的电话终于打了回来："想你想疯了，我这几天去执行任务，终于找到一点信号，就赶紧给你打过来……你，吃饭了没？"

当听到他说这句话的时候，这几天来的生气和担忧，全都烟消云散了，只要他好好回来就好。

还有一次，他在电话里讲：前天晚上巡逻，因为不熟悉地形，一下子掉到了沼泽里，当时大半截身子都已经陷下去了，幸好抓到了旁边的一棵小树才得救。

他在电话那头，绘声绘色地向我描述他当时有多幸运，而电话这头的我早已泪流满面。

但是我什么都做不了，我什么也不能说，因为这是他的职业，也是我的职业。我就是一个普通人，生活中唯一的英雄主义，就是甘愿成为一名军嫂的勇气。

在准备这篇演讲之前，编导问我："你老公是做什么工作

第二部分
聚焦内容：让你的演讲更有影响力

的？"我这才忽然发现，我除了知道他是守边防之外好像什么都不知道。即便如此，我仍然相信他正在做的是一项伟大的事业。

当然，也许他什么都没有做，只是默默地为国家驻守着边防，但这是他作为军人的职责所在，在我眼里，这就是最伟大的事业。

当了军嫂才知道军人的不容易；当了军嫂才更珍惜每次分别后的团聚；当了军嫂才知道其实战争离我们并不遥远，他们可能随时就要上战场。

对我来说，强军之路就是老公肩上的担子，而我做好自己，也是强军之路的一部分，今天你守护国家，我守护你！

如果没有前面的铺垫，在演讲一开始就说：军人不容易。你的第一感觉肯定是，我还不容易呢？但在刚才这段演讲中，通过对真实场景的描写以及情理交融，作为听众的你是不是内心受到了强烈的震撼，深切地感受到了军人的伟大和不易。甚至你还会激起这样一种感觉，作为一个有涵养、有素养的人，如果不认同军人的伟大和不易，那就是我们自己有问题。

利用涵养价值、文化价值、社会价值三招来使演讲更有格局和价值,我将这种方法叫作"演讲三剑客",大家以后可以照着这种方法练习,这可以让你的演讲内容更有价值感。

关于弘扬正能量的演讲,下面几个小建议大家不妨多注意一下,它们可以有效提升你的演讲能力:

1.可以借助关于"中国梦"的一些话题进行演讲练习,一般这种主题的演讲都会饱含家国情怀,既富有情感,还兼顾文化传承;

2.可以讲述一些关于战争年代的故事,用英雄的事迹和感人至深的认同感来调动听众的情绪;

3.可以给听众呈现一些大家都知道的事件的细节,让听众感同身受。

关于演讲中思考部分的分享,尽可能地不要用"我认为"这种词语,以免让听众产生反感,要尽可能地用"我有时候觉得"这类比较柔和的话语,这样更能够体现出演讲者审慎的思考态度。

在演讲中,还可以用一些能够引起大家反思、警惕、平时不太容易注意到的故事或者话题来引起听众的注意。让听众们产生"啊,我平时怎么没注意到呢?"的感觉,这种方法会让听众觉得演讲者是一个体察入微的人,同时还会让听众觉得演讲者特别喜欢思考。

另外,我们在演讲的时候可以用一些音乐、图片、视频来调动、增强听众的情绪,这样的方法可以让演讲者更好、更立体化地贴合内容。对于听众们来说,既能够听到有内涵、有价值的演讲,还能够看到形象的画面。

在演讲中,如果能将所给予的价值与独特的事件、坚实的论据、浓郁的情感完美地结合起来,就一定能让想要表达的价值观深入听众的内心,进而展现出别具一格的演讲魅力。

演讲思维:
提升影响力的艺术

别让演讲输在最后一分钟

我们在之前的内容中已经探讨过如何给演讲设计一个好的开头,有了开头自然就会有结尾,毕竟"天下没有不散的筵席",好的开头可以让听众快速对你产生好的印象,而一个好的演讲结尾更是重要,我们千万不能让我们的演讲输在最后一分钟,如果说好的开头能给听众留下好的印象,那么好的结尾就应该让听众回味无穷。

一个精彩演讲的结构应该和一篇好的文章的结构是一样的——凤头,猪肚,豹尾。凤头指的是吸引听众的邀请函;猪肚指的是演讲丰富的内涵;豹尾是最后完美的收结。

如果,我们能在演讲结尾的部分依旧保持一种热血沸腾的状态,就能让演讲的主题得到进一步升华,或是感人肺腑,或是发人深省,或是催人奋进,或让听众觉得演讲回味无穷。演讲的最后一分钟,一个高效、精彩、有趣的结尾会让演讲充满魅力,完美收官。

好的演讲结尾能够直接提升演讲的质量,常见的演讲结尾方式主要有以下三种:

第一种,总结观点。在演讲结束前,用非常简练的语言,简明扼要地对所要表达、阐述的思想和观点做一个高度概括性的总结,以起到突出重点、强化主题、首尾呼应、画龙点睛的作用。

比如,有一个演讲者为了把"印象介绍法"这种自我介绍的好方法分享给更多人,便做了一个告知、说服类型的演讲,她在演讲中提到了"印象介绍法"具体使用的三个步骤,并列举了大量的案例。在结尾的时候,她做了一个这样的回顾:

今天主要和大家分享了印象介绍法运用的三个步骤:一慢;二看;三转换。希望大家能活学活用,让你的自我介绍变得与众不同,让你的自我介绍成为打开人际交往大门的金钥匙。

看到这个结尾,你会发现简明扼要地对关键信息进行加强,会自然而然地加深听众的记忆,效果非常好。

第二种，鼓励听众采取行动。 如果在演讲中已经充分地表达了自己的思想主张，给听众树立了目标，指明了方向，并且还与听众产生了共鸣，那么在结尾部分就一定要落地，可以呼吁听众采取具体的行动，并给予可执行、易操作的行动步骤和方法。

例如，为了让听众在外出时能够妥善地保管好自己的贵重物品，我们可以在演讲中给听众讲一个小故事：在一次外出中，自己不小心丢失了钱包，并给自己带来了巨大的麻烦，然后通过具体生动的细节进行描述，让大家感同身受。

结尾的时候，你就可以鼓励听众采取行动，以避免类似的损失，并且告诉听众具体该怎么做。比如要把随身物品放在自己目光视线范围内，钱包等小件物品不要放在外衣口袋等。

第三种，含蓄幽默式的美好祝愿结尾。 用美好的祝愿加上含蓄、幽默的言辞或动作作为演讲的结尾，这种结尾方式充满极强的艺术感，语意未直接表露，但富有趣味，发人深省，听众会在欢声笑语中思考与领会演讲者含而未露的深刻用意。

例如，饶毅教授在北京大学2015届本科生毕业典礼上作为教师代表做了一次堪称中国最高学府的最短毕业典礼的致辞。在结尾部分，他是这么说的：

第二部分
聚焦内容：让你的演讲更有影响力

我祝愿：退休之日，你觉得职业中的自己值得尊重；迟暮之年，你感到生活中的自己值得尊重。

不要问我如何做到，50年后返校时告诉母校你如何做到：你所含的全部原子再度按热力学第二定律回归自然之前，它们既经历过物性的神奇，也产生过人性的可爱。

一个精彩的结尾至关重要，无论是能够侃侃而谈的"大咖"，还是"不鸣则已，一鸣惊人"的智者，演讲的结尾绝不能拖沓，要能够带起现场的气氛，使听众的眼光重新聚集到演讲者的身边，这样的演讲才不会让大家感觉拖泥带水。

要想演讲的结尾不拖泥带水，富有质量，除了上述三种结尾方式，还可以根据演讲的主题及环境，自由灵活地选用一些简单的结尾方法：

感谢式结尾。用感谢词作为结尾，例如，"谢谢大家来听我的演讲，谢谢大家对我的支持与信任，谢谢！"这就是最简单，也最通用的感谢式结尾。

故事式结尾。在演讲的最后，讲述一个与主题呼应的发人深省的小故事，故事带给人的印象往往比简单叙述更加深刻，但一定要注意控制故事的长度。

诗歌式结尾。利用名人和古人的诗歌作为演讲的结尾，简洁有力且回味余长。例如，在演讲俱乐部年会的活动中，有人用了毛主席的诗作为结尾：

在最后，我想送大家一首诗：北国风光，千里冰封，万里雪飘。望长城内外，惟余莽莽；大河上下，顿失滔滔。山舞银蛇，原驰蜡象，欲与天公试比高。须晴日，看红装素裹，分外妖娆。江山如此多娇，引无数英雄竞折腰。惜秦皇汉武，略输文采；唐宗宋祖，稍逊风骚。一代天骄，成吉思汗，只识弯弓射大雕。俱往矣，数风流人物，还看今朝！

呼应式开场。以呼应开场的方式结尾。演讲的开场白是演讲的重要组成部分，是演讲个性和特色的标志，如果演讲者能够在演讲结束时，呼应开场白，再一次点题，就能产生一种叠加的效果，加深听众对演讲的印象。

巧妙互动式结尾。可以运用一些巧妙的互动来结束演讲。例如，在一次以"果断的行动"为主题的演讲中，演讲者在结尾的时候，大步走到舞台边缘，然后穿上自己的西装下场了，留下了一脸茫然的听众。过了10秒钟，他把头伸出来

第二部分
聚焦内容：让你的演讲更有影响力

跟大家说："果断地离去，不需要留下只言片语。"场下的听众听后恍然大悟，顿时掌声雷动。这种用行动证明结尾的方式也很不错。

上面的内容都能帮大家设置一个很好的演讲结尾，但在演讲结尾这个环节，有三个雷区需要我们格外注意：

第一，演讲的结尾一定要和演讲的开头平起平坐，虎头蛇尾的演讲并不受欢迎。如果是一个主题宏大的演讲，就用一个号召式的结尾，这样能够有效地带动听众一起来思考和行动；若是一个比较严肃的话题，就可以用一个思考性的结尾来结束。

第二，不要把提问放到结尾。有些演讲者喜欢把提问的环节放在结尾，这样反而会弄巧成拙，听众们很容易对之前演讲中的漏洞提出反击，同时这种方法还会分散听众的注意力，容易让听众从演讲者辛苦营造的氛围中脱离出来。

第三，不要拖时间，也不要用"我还有很多想要和大家分享的东西，但是已经没有时间了"这种话作为结尾。这会给听众留下不好的印象，让人觉得演讲仓促又不完整。也不要在结束之后等待大家给予掌声，等来的掌声对演讲的整体效果没有任何帮助。

演讲思维：
提升影响力的艺术

　　好的结尾能帮助演讲者在演讲结束的时候重新让听众对你有一个更好的认识。演讲结尾是每一位演讲者都应该重视的环节，千万不能让我们的演讲输在最后一分钟。

第三部分

共情：
一切精彩演讲的基础

好的演讲其实就是好的故事,而一个好故事最重要的是,它能引发受众的共鸣,其实也就是唤醒听众的共情能力。

第三部分
共情：一切精彩演讲的基础

三种方法，让你快速引发听众共鸣

听众如果在听演讲的过程中没有产生共鸣，情绪没有受到感染，就算再好的内容也只是空洞、没有感情的。能站在舞台前侃侃而谈，那是演讲者；讲的话深入人心，才是真正的演讲家。

其实不管演讲的题目是什么，只要能够让听众从内心认可你所说的话，并且与你产生共鸣，那么你的演讲就是成功的。

为什么很多演讲大师的演说能够流传千古，让大家铭记于心，甚至为之疯狂？就是因为他们的演讲做到了深入人心，使听众产生了共鸣。我们在日常生活中经常听到"共鸣"这个词语，那么我们到底该如何让听众产生共鸣呢？主要有三种方法可以供大家借鉴：

第一，情感上的认同

演讲不仅仅是说话，更需要演讲者用心去讲述，只有把

演讲思维:
提升影响力的艺术

自己的真情实感投入到演讲当中,才能够打动听众。在讲述的时候,只有用眼泪在听众的内心深处呐喊,才能打开听众的内心。

很多优秀的感人事迹报告之所以能够催人泪下,就是因为演讲者投入了自己的全部感情,让听众的内心也起了波澜。感情投入可以表现在很多方面,例如演讲者的肢体动作、面部表情,特别是眼泪,不管是激动的泪水还是伤感的泪水,都能够像锥子一样刺透听众的内心,瞬间拉近演讲者与听众之间的内心距离。

最能融入感情的故事就是讲述自己的亲身经历,一旦听众被演讲者的真情实感所感染,很容易就会产生共鸣。

在节目《我是演说家》中,主持人马丁讲述了自己与父亲的关系,听众被父子二人几十年的"宫斗"给逗乐了,笑着笑着却心里一颤,甚至有人还哭了起来,因为在他的演讲中,听众们看到了熟悉的影子,产生了共鸣。

下面就是马丁的演讲:

我的父亲身上有着无数中国父亲的缩影,他传统守旧,但是他一辈子都恪守着做人的良善和职业的尽责。我的父亲

第三部分
共情：一切精彩演讲的基础

节俭甚至吝啬，但是当我买房的时候，他把省吃俭用下来的每一分钱都拿了出来，毫不犹豫。我的父亲一辈子都在奋斗，为了家人，为了孩子，为了孩子的孩子，但是唯独的就是忽视了他自己。

爸，如果有来世，我希望能跟你再做一回父子，我们交换一下位置，我做爸爸，您做儿子。我会亲手给你做红烧肉，告诉你，和家人在一起吃饭就是世上最好的美味；我会在你考试之后大声地夸赞你，告诉你只要你努力了，爸爸就为你骄傲；我会把所有的道理和原则都放在心上，用我们父子之间的爱打开我们之间的心门。爸，给我一个机会，让我把你给我的爱加倍地还给你，让我们再续一世情缘。

爸，我很想你。

最后一句"爸，我很想你"，说出来的时候很多听众已经泣不成声，马丁演讲的感人之处不在于他与父亲怎样的诀别，而是在不经意间就让听众产生了共鸣，想起了自己与父亲的往事，他的故事让我们感同身受，父亲对自己关爱与无奈的场景浮现在了眼前，也把听众内心对于自己父亲想说的，但没能说出来的话给说了出来，所以他的演讲才会感染听众，让人泣不成声。

直击灵魂的话语才能真正震撼听众的内心，这种来自情感上的共鸣才是真正一招制胜的演讲技巧。

第二，拉近距离才能有话题

除了建立情感共鸣，还可以通过拉近与听众之间的距离、找到合适的话题来建立共鸣。

俗话说"道不同不相为谋"。开始演讲前，想象一下自己与听众之间有什么样的共同经历、爱好、愿望、志向等，从这些方面下手，寻找与听众的共同语言，然后通过使用与听众品味差不多的语言风格来表述，这样能够极大地增强听众的体验感，也能够拉近与听众的内心距离，引发听众的共鸣。

例如，一个演讲者给一群还在上初中的学生做演讲，语言风格就不能像给成年人做演讲那样，要好玩、有意思，还要筛选初中生喜欢的一些话题，这样才能够吸引到这些小听众。如果采用的全都是官方演讲那种语言风格，听起来就像新闻发布会，下面的学生肯定不会认真地听你的演讲。

无论在什么场合，面对什么样的人群演讲，只有我们与听众内心之间的距离足够近，才能让听众产生心理上的认同和共鸣。

第三部分
共情：一切精彩演讲的基础

下面是一篇劝诫中学生要好好珍惜时间认真学习的演讲稿。演讲者没有谆谆教诲，而是反其道而行之，站在同学的角度为考试不及格来做辩解，既风趣幽默，又让同学们认识到了珍惜时间的重要性，字里行间充满了顽皮和中学生的洒脱，他是这么说的：

考试怎么能及格呢？其实，我考试不及格实在不能怪我啊，因为一年只有365天。详析如下：

1. 星期天：一年里有104天的星期六、星期天，扣除这些天数，一年只剩下261天；

2. 暑假：一年中大约有50天天气非常热，导致无法念书，因此，只剩下211天；

3. 元旦、国庆、五一、寒假等节日，又占了50天，就只剩下161天。

4. 每天8小时的睡眠时间，又占了74天，一年就只剩下87天。

5. 考试及测验至少占50天，87天也就只剩下37天。

6. 一年当中，看电影或参加一些有关活动，差不多要20天，算起来就只剩下17天。

7.这剩下的17天中,每天大约1小时的游戏时间、2小时的沟通时间、半小时的购物时间、半小时的方便时间、半小时的个人卫生时间、半小时的零食时间,差不多要占4天,算起来一年就只剩下6天。

8.预计一年会被老师及家长罚掉5天时间,比如罚站、罚写检查、罚打扫卫生等等。这样一算,一年只剩下了1天。

9.这剩下的1天,正好是自己的生日。

这一年当中根本就没有时间用来念书嘛,我考试又怎么能及格呢?

需要注意的是,在与听众建立共鸣时,一定要考虑听众的身份,不同的听众对同一件事情是有着不同的认识和态度的。有了这样的基本考量,那么我们在演讲的过程中主动与听众建立共鸣时,就需要进行换位思考,站在他们的角度去思考问题,这样才会让听众听得懂,才能说服听众,哪怕是我们正话反说,也能够让听众乐于接受。

第三,反问引发共鸣

在演讲中,我们还可以采取反问的方法来强调自己所要表达的意思,以此引发听众的共鸣。

第三部分
共情：一切精彩演讲的基础

演讲家在演讲中的反问，一般情况下是不需要听众回答的，这只是一种表达强烈感情意愿的方式，是一种双向沟通的手段，就像丘吉尔曾说过的一句话："我只不过是把大家心里想说的，而因为某种原因羞于启齿的话说了出来。"

用反问的形式来唤起听众的内心情感，激起他们心中的情感共鸣，增强演讲的鼓动性和感染性，这种方式很容易带动听众的情绪。许多著名的演讲家都是利用这一点来鼓动听众行动的。

用一组组的反问来引起听众的共鸣，从而达到鼓舞人心的目的。例如，在很多呼吁保护环境的演讲中，许多演讲者就会利用反问来让听众冷静下来仔细思考当下的形式。

例如，下面这一段演讲的节选：

我们身边触目惊心的事例历历在目，例如，路边的小树被折、小草被践踏、小花被采摘，难道它们不痛不悲哀吗？知道全国每人每天节约一张纸，一年能够节约多少张纸吗？答案是4745亿张纸。这样一年就能少砍伐一百多万棵树。

这些反问看似是在询问听众，但实际上却给听众描绘了

演讲思维：
提升影响力的艺术

一个又一个真实的场景，从而引起听众的共鸣，让他们在心理上被影响、被震撼，从内心深处承认演讲者所传递的思想和观点。

这个案例中的演讲者用一连串数字来进行反问，从而勾起听众对于环境保护的思考。这些演讲家的反问套路值得我们每位初学者借鉴，所提的问题要围绕"现在这么做还有什么意义""不改变会有什么后果"这样的主题。

同时大家还要注意，增加听众的危机意识和忧患意识，很多的企业家在进行企业改革的讲话中也都是围绕着"危机意识""忧患意识"来进行的，但是在提出这些问题时，要从听众的角度入手，从和听众切身利益相关的地方出发。

演讲并不是说给自己听的，而是说给听众听的，话语最好是通俗易懂的，最忌使用空洞抽象、生硬的语言，演讲者一定要善于揣摩听众的心理，顺应听众的需求，利用切身的体会，从听众的角度出来，这样才能引发听众的共鸣。要知道，共鸣是开启一切良好关系的基础。

第三部分
共情：一切精彩演讲的基础

确立对象，以不影响的姿态去影响

当我们大家站在舞台上时，都希望听众能够被自己吸引，希望听众用崇拜的眼神看着自己，希望他们能够被自己的演讲所打动。想要达成这样的演讲效果，需要一个先决的条件——我们的演讲必须能够打动人心。

这样的演讲效果并不是一个人唱独角戏就可以达到的，需要我们与听众产生内在的交流。这种交流除了和听众有互动，还需要演讲者在讲话时有对象感。在这一章的内容里，我们就来聊一聊这个有趣的话题——对象感。

我们大家无论是在说话还是写作时，都有一个共同的特点，那就是诉诸对象。比如大家都知道的成语——对牛弹琴，就是对象的直接体现，沟通对象不同就会产生不一样的效果。

弹琴是艺术家的事情，教育家、思想家则要高雅一些，例如孔子，那么多的学生向他请教，不同的学生有时会问同

演讲思维：
提升影响力的艺术

一个问题，但孔子给出的回答却不一样，这在教育领域叫作因材施教。其实道理都是相通的，只不过是换了一种说法而已。这就跟农民在地里种花生或是芝麻一样，因为耕种的对象（作物）不一样，最终所选择施肥和耕作的方式就会有所不同。

万事万物的道理都是相通的，把这个道理引申到演讲中去也是一样的，当我们在演讲的时候，一定要根据台下听众具体的情况和背景再选择我们所要说的话，在之前的内容里，我们强调的都是演讲内容的一些准备工作，而在这一节内容里我们则需要把演讲的主体——对象（听众）着重强调一下。

在本节内容一开始我就提到了对象感，那么该如何理解对象感呢？

其实对象感理解起来很简单，对象感其实一直都在我们日常的对话交流中。当我们面对一个人或者多个人说话时，我们的眼睛肯定是会看着对方的，这时大脑就会自动地告诉我们——我们正在和人交流，那么你的口吻、语气、方式都会被大脑设计成有对象的交流，而不是像写文章或是阅读文章。而在演讲的时候，因为我们所要面对的对象非常多，眼睛自然无法做到面面俱到，这样的情况在一定的程度上会导致听众的体验感降低。

第三部分
共情：一切精彩演讲的基础

这就像是在一些会议现场，台上的领导坐在主席台前，头也不抬地念着发言稿，讲话的过程中也不和听众进行互动，眼睛更是很少看向下面的听众，这样的状态怎么可能会有人注意听呢？

反之，我们注意观察那些优秀的老师在讲课时的状态，在讲课的时候他们就很喜欢用眼神与下面的学生进行交流，学生有时候刚想开小差，就会被老师的眼神捕捉到并给拉回来，如果再搭配上精彩的课程内容，学生们自然就能够聚精会神地听讲了。

所以说，演讲中的眼神交流技巧对建立对象感是非常重要的。不论是在演讲、面试还是在平时的沟通之中，很多人都喜欢低头，或者把下面的听众当作"木桩子"，这样的做法会使你所面对的人感到不舒服；对方内心感到不舒服又怎么可能会与你达成顺畅的沟通呢？

加强听众对象感最常见的方法是用眼神与听众产生交流，眼睛是心灵的窗口，而用眼睛与听众交流通常会有三种方式，这三种方式分别是：环视、虚视、凝视。

环视，顾名思义就是用眼神环绕整个会场。在演讲最开始的时候，先不要急着讲话，而是先暂停一下，面带微笑环视会场一周。这种方法，可以让在场的听众对你产生亲近感。但必须注意的是，一定要照顾到全局，不能忽视任何角落的听众；同时，头部摆动的幅度也不宜过大，眼珠也不能肆意乱转。

虚视，就是用眼神直接看着某个区域的听众，而不是盯着某个人看。这种方法在演讲中运用最多，演讲者的视线始终在听众那里，这种方法适合听众比较多的场合。

凝视，就是具体地看着某个人，有单独的眼神交流。时间一般在3秒左右，尽量不要超过5秒钟。选择一个人作为焦点，然后眼神慢慢地从这个人移动到另一个人身上，眼神在每一个人身上停留两到三秒钟的时间。眼睛直视听众，或是看着他们的鼻梁和下巴，这种眼神交流的方法能够极大增强听众的对象感。

要想在演讲过程中建立良好的对象感，除了眼神，还需要我们注意一个重要问题——语言交流。眼神交流是基础，语言交流才是关键。

当我们的眼神能够和听众很好地交流时，让听众看到你的眼睛在看着他们说话，他们自然也会看着你。但这时候我们一定不能松懈，还要配合好的语言才行。

第三部分
共情：一切精彩演讲的基础

就像是年轻的男子要向心爱的姑娘表白，只用两只眼睛看着人家，什么都不说，或者说得磕磕绊绊的，搞不好刚酝酿起来的氛围就会"戛然而止"。只有语言和眼神共同配合，才能够让对象感更加饱满。

在语言交流的层面，我们需要在四个方面加以注意：

一、突出时境

演讲者一定要特别注重时境的交代和叙述，以增强演讲的针对性和现实性。由特定的时境而引发的具体且真切的感受，是促进演讲者与听众进行现场交流的直接原因。

例如，李燕杰在题为《心上绽开春花，芳草绿遍天涯》的演讲中是这样说的：

我今天来参加"发扬雷锋精神，建设社会主义精神文明"的座谈会，心情十分激动。坐在这庄严肃穆的人民大会堂里，坐在先进青年的身边，我这个五十开外的人，似乎也变得年轻了许多。

今天我如同又回到了十九年前的春天，那是一九六三年，是我国经历三年严重自然灾害的一年，是举国上下艰苦奋斗，奋发图强建设祖国的一年，也是雷锋精神大发扬的一年。

演讲者首先表明了自己参加座谈会的激动心情，紧接着表达了自己的真切感受，然后回想起一九六三年的春天，想起了当时国家的困难局面和人民的精神面貌。在这特定的时境里，不仅激起了听众的热情，而且还使听众受到了强烈的感染。于是，演讲者和听众之间的思想和情感的交流，就在接下去的一句过渡语之后自然地展开了。

二、渲染气氛

演讲现场的气氛能够对演讲者和听众的心理产生一定的影响，这是不言而喻的。因此，高明的演讲者往往善于抓住现场的某些特点，恰到好处地即兴发挥，渲染并强化现场的气氛，从而营造出一种有利于演讲者和听众产生互动的"交际场"。有了这种"场的效应"，演讲的现场交流就会非常和谐。

例如，爱德华·埃弗雷特在国家烈士公墓落成仪式上的演说的开头语：

站在明净的长天之下，极目远眺人们长年耕耘而已安静憩息的广阔田野，那雄伟的阿勒格尼山脉隐约耸立在我们前方，兄弟们的坟墓就在我们脚下，我真不敢用我这微不足道的声音来打破上帝和大自然安排的这意味无穷的寂静。但我必须

第三部分
共情：一切精彩演讲的基础

履行你们交给我的任务，因此请求你们施与我宽容和同情。

演讲者以深沉凝重的语调，描述了"站在明净的长天之下"看到的广阔的田野、雄伟的山脉和"兄弟们的坟墓"，给听众营造出一种崇高而又悲壮的意境。

这样独特的情景感受，是通过演讲者所渲染的庄严肃穆的语境散发出来的。演讲者和听众之间的情感交流，也就在"这意味无穷的寂静"中融为一体了。

三、妙用呼语

所谓的呼语，是指演讲者对听众的称呼语。通俗点说，就是听众的姓名以及演讲者对他们的称谓。一定要恰当地体现出场合的需求并且准确地把握情感的脉搏，既要做到体现出演讲者的心理动机和情感态度，又要做到能够引起听众的关注和情感认同。

很多朋友在向爱人表白时，虽然讲了很多话，但对于对方的称谓却是惜字如金，这会大大地削弱对方的感受，其实，情感层次丰富且有变化的几个称呼比千言万语更能打动人心。

我们来欣赏一段卓别林为《大独裁者》而做的演讲：

演讲思维：
提升影响力的艺术

哈娜，你听见我在说什么吗？不管这会儿在哪里，你抬起头来看呀！抬起头来看呀！哈娜！乌云正在消散！阳光照射出来！我们正在离开黑暗，进入光明！我们正在进入一个新的世界——一个更可爱的世界，那时的人将克服他们的贪婪，他们的仇恨，他们的残忍。抬起头来看呀，哈娜！人的灵魂已经长了翅膀，他们终于要振翅飞翔了。他们飞到了虹霓里——飞到了希望的光辉里。抬起头来看呀，哈娜！抬起头来看呀！

卓别林在表达"我们要将快乐建筑在别人的幸福上，而不是建筑在别人的痛苦上"的中心论点后，满怀激情地运用呼语直抒胸臆，通过对剧中犹太姑娘哈娜的深情呼唤，向广大听众描绘了一个充满光明的理想世界。

这几声情真意切的"哈娜"，饱含着对未来的希望与憧憬，是心灵的期盼，也是情感的呼唤，充满了强烈的现场鼓动性和巨大的精神感召力。

四、对应人称

在演讲过程中，无论叙事、说理还是抒情，总得有一个表达的主体，这要求演讲者必须确定运用什么样的人称来向

第三部分
共情：一切精彩演讲的基础

听众演讲。

一般来说，为了增强现场交流感，演讲者可以针对特定的听众对象，特意把第一人称和第二人称对应起来以实现表达的效果。因为这样运用人称，可以瞬间将演讲者和听众直接联系起来并将他们融为一体。

例如，美国前总统尼克松在首次访华答谢宴上讲的祝酒词中的一段话：

你们深信你们的制度，我们同样深信我们的制度。我们在这里聚会，并不是由于我们有共同的信仰，而是由于我们有共同的利益和共同的希望，我们每一方都有这样的利益，就是维护我们的独立和我们人民的安全；我们每一方都有这样的希望，就是建立一种新的世界秩序，具有不同制度和不同价值标准的国家和人民可以在其中和平相处，互有分歧但互相尊重，让历史而不是让战场对他们的不同思想做出判断。

显而易见，这段话开头两句中的"你们"指的是中方，"我们"指的是美方，从第三句起的"我们"指的是中美双方，最后一句的"他们"又指的是所有的国家。从上面的这段话中

演讲思维：
提升影响力的艺术

我们就可以看出，人称的对应和变化，可以有效促进演讲者和听众之间的思想交流。

正是尼克松总统这种既承认分歧，又互相尊重的求同存异的务实态度和良好愿望，为中美两国的关系史翻开了新的一页。

演讲就好比一道菜，眼神的交流就像是精准的火候，而语言的交流就好比新鲜的食材，两者结合起来，才能够打动听众的味蕾。把所有的听众想象成一个人，对着他说话，对象感自然就能够迸发。

第三部分
共情：一切精彩演讲的基础

有案例，更要会用案例

在日常生活中，有些朋友自信满满，有很强的表达欲望，并且很愿意向大众分享自己的生活感悟，这些人在技巧方面一般是没有任何问题的，讲话的逻辑条理也很清晰，总之，从专业的角度看，我们是找不出半点毛病的，但即便是这样，还是有很多听众不愿意听他们的演讲。作为演讲者如果遇到这样的状况，内心其实是很苦恼的，甚至会怀疑和否定自己，那么问题究竟是出现在哪里呢？明明讲的是正确的，也是自己的肺腑之言，可听众为什么不愿意接受呢？

其实问题的症结所在是讲话效率不高，听众没有真正地接受和认可演讲者所传达的内容。

那么我们该怎样做才能让我们的每一句话都能够有理有据，使人信服呢？出现这样的问题是因为，我们在演讲中使用案例和添加故事的时候，没有注意到真实性。

在这一节的内容中，我们将和大家一起讨论关于案例和故事使用的一些小技巧，从而让我们演讲的每句话都有理有据。案例和故事的选取包括两部分：第一部分是活用案例的完整流程；第二部分是案例的三种特殊"姿势"。

一、活用案例的完整流程

在表达中，我们要学会活用案例，这样能够起到事半功倍的效果。就好比写议论文，怎样才能让论点更加使人信服呢？那就是用案例说话。只要有了充足恰当的证据和案例，听众自然而然就相信了。

有很多朋友即使在演讲中举了例子，却还是没能达到预定的效果，这并不是举例的方法不好，而是因为他们没有用好例子，没能把案例变得更加鲜活，没有让具体的案例和表达的主题、目的有机地结合起来，或者说是没有做到完整举例的流程。

名人故事，名言警句，生活中所看到的、听到的、亲身经历的一些有意思、有感觉的人和事，等等。这些都可以成为丰富我们演讲的很好的案例，还有之前就提到的，听故事永远要比听道理有趣很多。

有了大量的案例故事之后，接下来就是要把它们运用到我们的演讲中去了。

有这样一个关于引用案例的小故事,在某传媒大学的课堂上,正在进行"课堂三分钟演讲"的相关训练。老师提出"我眼中的文科"这个话题后,要求一向很少发言的某同学讲几句,这位同学稍加思索之后开口说道:

现在,校园里流传着这样一句话:"学文科,爬山坡,爬上山坡掉山窝。"意思是说,学文科没出息。而我却要说,对于钟爱文科的同学而言,如果能立大志,用大力,紧盯目标,心无旁骛,最终会大有收获的!你们看,著名学者林纾、钱钟书等,沉下心来大力钻研,关起门来忘我写作,一生与"文"共舞,不也开创了无数理论,出版了大量著作吗?

细细感受后就会发现,这位同学善于抓住身边的"流行语",并能进一步地抛出自己的观点。特别是在证明观点的时候列举名人事例,不仅具有典型性,同时还具有说服力。

不过,有一点不足,他对事例的处理只是进行简单地"摆出",缺少对事例意义的点破、说明、评价和分析,并没有将案例与主要观点"挂钩"。

如果这位同学在使用这些案例之后，添加几句"捅破窗户纸"的话，就会让听众感觉这些话是大家共同的心声，效果会更好。

你们看，著名学者林纾、钱锺书等，不也是出版了大量著作吗？他们这些成功的榜样，正好说明了这样的道理：命运靠自己把握，学文科大有前途！

通过对案例内涵的提炼与概括，隐藏的意义就会"浮出水面"，让案例与观点紧紧地连起来，这样就会更有说服力，而这个环节往往是很多人在引用案例时，比较容易忽略和遗忘的。

为了让表达更高效，案例和观点之间联系更紧密，以便更好地说服听众，在活用案例时一定要分三步走：

第一步：准确地表达自己的观点。

第二步：选择典型并且具有说服力的事例来证明所提出的观点。

第三步：找寻事例和观点之间的关联性，对事例意义进行点破、说明、评价和分析。

这里需要我们特别注意的是第三步，如果在当众表达中还留有时间的话，可以多思考一下，如果是在准备演讲稿的阶段，更需要我们多花一点时间去仔细雕琢，这样才能够让演讲"看"上去很"高大上"，听众们才会在听完之后觉得无法反驳。

二、案例的三种特殊"姿势"

作为演讲者，我们要擅长把生活中的事情表达出来，说话时要有理有据，要使听众信服并同意你的理论，成为一个"道理局长"。在当众表达中，我们该如何灵活恰当地使用案例，才能成为让人信服的"道理局长"呢？除了完整地运用以上三步，我们还需要掌握三种举例子的特殊"姿势"：

第一种姿势：正反对比

比较两个相反的案例，从而突出所要论证的观点。也就是所谓的反着说话，如果是正面题材的案例，就从反面去分析这个案例；反之，如果是反面题材的案例，就从正面去分析案例。

例如，"古往今来，那些卓越的人总是把谦虚作为自己的座右铭。科学巨匠牛顿在科学研究中取得了巨大成就，他却说'我不过是一个在海边玩耍的孩子，对于展现在面前的真理的海洋全然没有发现。'这样一位伟大的科学家都如此谦虚，有些学生却认为什么都会了，岂不是显得幼稚可笑？"从这句话我们可以看出，表达者先从正面举例，伟大的科学家十分"谦虚"；然后联系材料、针对现实，提出反面议论，"自满"的学生显得幼稚，一前一后，使谦虚的重要性得以凸现。

第二种姿势：因果探寻

这种方法简单说就是透过现象找原因。有位同学为了论证"勤出成果"的观点，列举了这些案例："马克思辛勤劳动40年写成《资本论》；歌德花了48年搜集大量资料写成《浮士德》；爱迪生试用过6千多种材料，试验过7千多次，才找到最后理想的灯丝材料，发明电灯；陈景润通宵达旦看书学习，演算研究，终于攀上数学高峰。这些成就的取得，都是因为他们刻苦，因为他们勤奋。"

其中，最后一句话是从马克思、歌德、爱迪生、陈景润等人的成功出发，指出成功的原因——刻苦勤奋，正好与他所要表达的观点"勤出成果"相印证。

在实际的运用中，案例所表述的内涵意义可能有很多个，这就需要我们筛选出和主要观点一致的部分，否则，"议"在别处，反而会添乱。

第三部分
共情：一切精彩演讲的基础

从上面所列举的例子中，我们还可以看出马克思等人的成功原因除了"刻苦勤奋"，还有"锲而不舍"的精神，但是"锲而不舍"在这里与主题的"刻苦勤奋"不统一，如果从这方面来阐述论证，那就明显是"驴唇不对马嘴"。

第三种姿势：假设推导

这种方法是根据案例提出假想，然后从假想的角度进行深入分析，从而推导出错误的结论，进而显示演讲者观点的正确性。

有人在题为"广告：小心成了污染源"的演讲中说："某些广告总是通过过分夸大商品的功效来误导消费者，造成人们思想上的误区。有这样一则营养广告：'一个得满分的学生握着拳头做出有力的样子，说：'妈妈每天给我服用×××，所以我身体很棒，学习总得100分。'试问，如果真有这样的效果，那要学校和老师做什么？"

演讲者顺着事例推导出可笑的结论——国民素质的提高不需要学校和老师。用这样明显错误的结论来证明商品功效以及广告内容虚假的可笑之处，使论述有了不容置辩的说服力。

使用这种方法来讲述案例，可以让我们在讲理的时候信心十足，而且还能够丰富听众的情感，让演讲生动起来。把握好活用事例的完整流程，合理运用三种姿势，可以让选取的案例更加准确、有深度、有格调，除此之外，大家还可以参考一下这个建议。

我们在演讲的时候要注意故事选取的新颖性。演讲中所选择的故事，必须能够引起听众的兴趣，唤起他们的好奇心，这样才能够吸引听众的注意力。故事的新颖主要体现在两个方面：一个是刚刚发生不久的；另一个则是对故事所包含的内涵有进行的阐释。

例如，在一次关于人民警察爱岗敬业的演讲中，演讲者用了一个孩子的例子来说明人民警察爱岗敬业的精神，他问一个小女孩最大的愿望是什么？小女孩说自己最大的愿望是把妈妈工作的大楼炸掉。

大家听了之后很吃惊，小女孩为什么要做这种可怕的事情呢？通过演讲者的解释，大家明白了原来是因为小女孩的妈妈经常加班，很少能和她在一起，她觉得只要把办公楼炸了，妈妈就可以回家陪自己玩了。

在这个案例中，演讲者用童言无忌的方式为听众带来了新鲜感，不仅生动，还能够从一个孩子的视角反映出人民警

第三部分
共情：一切精彩演讲的基础

察为了百姓的安全，牺牲自我的敬业精神。

这样的事例远比那些与歹徒英勇搏斗的事例更能吸引和打动听众。因为人民警察的天职就是保护百姓，抓坏人是他们的职责所在，体现不出来爱岗敬业的精神，而用小姑娘的愿望这样的案例，却能让听众体会到人民警察为了大家所做的牺牲有多么巨大。

在日常生活中，我们要主动地争取和把握各种演讲和当众表达的机会，通过实践将我们学到的这些技巧内化成我们自己的能力和习惯。

只要功夫深，铁杵也能磨成针，好的演讲家不是一天两天就能练成的。在演讲的时候，要想让自己的演讲更有说服力，就要做到让听众感同身受，而要想让听众感同身受，我们必须让自己的演讲有理有据。

演讲思维：
提升影响力的艺术

"愿景"式话术快速消解听众的心理隔阂

在日常生活中，我们多少会遇到推荐产品的推销员，对于他们的三寸不烂之舌，相信大多数人都领教过，特别是推荐保险、医疗商品的推销员，三言两语就能把人"忽悠"得晕头转向，甚至有时候还会认同他们所说的话。虽然商家推荐的商品质量有待商榷，但是这种快速获得顾客认同的话术却很能启发我们。

我们并不是推销员，那怎样才能在日常的沟通和生活中，像推销员一样快速获得对方的认同呢？这其中有没有什么神奇的话语呢？在这一节内容里，我们将和大家重点讨论一下这种神奇的话术——"愿景"式话术。

快速获得对方的认同，在于你能够主动说出对方心里面想要的东西，也就是我们所说的"愿望"。获得对方认同是快速达成有效沟通与高效沟通的捷径。但很多朋友感到无从下

第三部分
共情：一切精彩演讲的基础

手，不知道怎么才能快速获得对方的认同。在日常的沟通与交流中，快速获得认同的关键点是说出对方的愿望，但我们是无法从一开始就能够知晓对方的"愿景"的，而我们一旦说出了不是对方"愿望"的愿景，那么后续的沟通就很难再获得认同。

例如，一家汽车4S店里有两个销售员，一个销售员的业绩总是停滞不前，而另外一个销售员每个月都能够完成十几个订单。业绩不好的销售员向对方求教，对方让他先按照自己的方法进行推销。这个时候，正好有一家人进入该店买车，穿着衬衫的男主人四处观望着。

业绩不好的销售员急忙走上前，说："先生您好，您是要买车吗？"男子点点头，说道："有什么可以推荐的吗？"销售员马上把男主人带到了商务轿车的区域，然后开始推销起来，但只说了几句话，男子就把推销员打发走了："我自己看看吧，麻烦你了。"无论推销员怎么夸赞这款轿车与男子的气质相配，性能如何优越，男子都不为所动。

业绩高手让他回来，让他观察自己是怎样工作的。过了一会儿，有另一家人进入该店。业绩高手先是打量了一下，接着上前和男主人打招呼："先生您好，您是要给家人选车吧？"

演讲思维：
提升影响力的艺术

男主人说："对，有什么推荐的吗？"业绩高手立刻把这家人带向旅行车区域，而且在谈话中了解到了男主人的想法。

紧接着，他为男主人介绍了一款新车："这款车刚好可以满足您的想法，前后座间距很宽，后面还有电视，小朋友可以在后面看动画片，夫人坐副驾的位置可以把手提包放在门旁边的收纳箱里面。如果您的岳父岳母来了，后面的座椅还带有加热功能，冬天可以暖着腰，很舒服，老人家肯定会喜欢。"业绩高手几句话就把男主人说得心动了，于是他问道："这车油耗如何？最近有什么优惠活动……"男主人这样说，已经说明这一单能很快完成了。

为什么业绩高手能够迅速地完成销售呢？这其中最重要的部分就是因为业绩高手的话，他的每一句话都说到了顾客的心里。首先，业绩高手刚见到顾客的时候，并不急于打招呼，而是仔细地观察，顾客是一家人，销售员心中就会想"对方应该是要买家用车"。

在这里，有一个地方需要我们格外注意，业绩高手没有像前一位销售员那样直接问男主人"您是要买车吗"这样很直白的问题，而是侧面提问题让顾客主动说出自己买车的意愿，然后带着顾客向旅行车区域走去，而且还一边向客户询

第三部分
共情：一切精彩演讲的基础

问需求。在为顾客推销的过程中，业绩高手主动为顾客描绘出了一个符合自身需要的愿景，顾客自然而然就有了愿意购买的动力了。

这个案例实际上已经告诉了我们如何了解对方心里"愿望"的方法，主要有三种：

一、倾听对方，了解对方的感受，肯定对方为美好愿景的不懈努力

想要了解对方的愿望，首先要先学会倾听，不仅仅是要倾听对方说话的内容，还要注意对方的用词、语气与情绪，这些都含有对方所要表达的信息。

而这些信息需要我们用心才能接收到，如此才能更进一步地了解对方的感受。在了解对方的感受后，才能进行下一步的沟通和行动。在这个过程中，我们要不断地肯定对方为美好愿景所付出的努力，并激发对方的动力。

二、认同和支持对方

通过行动去认同和支持对方，告诉对方，你的感觉是对的，你的感受被我所认同。如果自己曾经经历过和对方相似的场景或者事件，会更容易了解到对方当时的感受。但这并不意味着需要以放弃自己的感受去迁就对方的观点，而是要用行动来表明"你是对的,我很支持,但同时我也是对的"。

在被认同的情况下,沟通就会朝着积极的方向发展。帮助一个人产生前进动力的源泉在于,认同和支持对方,而这不仅仅在于我们被动地接受对方所提出来的东西,也在于我们能够在主动地表达出来之后,直击对方的心里,从而获得对方的认同。这样的认同与支持是非常有效的,这种感受就像是有的时候在默默地付出后,过了很久,突然有人记起来我们曾经的贡献,这会更加让人感动。

三、找到平衡点,取得共识,描绘美好愿景

在沟通的过程中,不断通过对方反馈的信息进行自我调整,寻找双方的平衡点。例如当我们前进一步后,发现对方给出的是负面回应和不好的感受,就要调整一下,同时也可能需要在表达方式上进行相应调整。

要通过一系列的沟通与反馈,找到平衡点,然后描绘出一个达成"愿望"的美好景象,从而取得共识并达到沟通的目的。

既然已经知道了获得认同感是一件很重要的事情,但当我们面对不同的人群与场合时,那么,我们要怎么做才能快速获得对方的认同呢?下面我给大家分享六种简单的可以帮

第三部分
共情：一切精彩演讲的基础

助大家快速获得对方认同的方法：

1. 保持礼貌。

因为每个人的想法和观念不一样，有些时候很容易与别人产生争论，在这个时候，亢奋、激情澎湃或者是蔑视、看不起对方，是无法让沟通和谐有序地进行下去的，而礼貌地表达，让对方感受到他所提出的观点得到了我们的尊重，这样也有助于我们说服他们，原因就在于当人们获得认同时，情绪会更稳定，思想也会更开放，更容易倾听与接受不同的观点。所以，分歧越大，就越需要保持礼貌和尊重对方。

2. 提出可实际操作的方案。

提出可操作性，是指向对方阐述"怎么做"，相较于只停留在理念层面的观点，人们更愿意接受实际的解决方案。沟通的过程中，除了要描绘愿景外，还要尽可能地帮助对方向愿景靠近，让对方看到愿景实现的可能，从而获得认同。

3. 保持自信。

对于看起来聪明的人与看起来靠谱的人，人们更愿意相信后者。因为人们往往不自觉地寻找"专家式的意见"，例如说话者的状态是否自信、措辞是否专业。听众会被自信的状态牵着鼻子走，有时甚至忽略了观点是否契合自己的心意。

4.使用图表数据。

有时候对方并不会相信空口无凭的描绘，最好的办法就是用数据来证明，特别是那些关系到每个人日常生活的事情，用图表数据来证明是非常管用的。例如，身体健康的问题、房价上涨的紧迫感等都可以用图表数据来营造氛围，放大对方的感受，从而更快地获得认同感。

5.生动的例子引人入胜。

实例证明，是抓住听众耳朵的最佳策略。利用故事的生动性与人们的从众心理为自己加分。例如，一个餐厅排起了大长队，就会让人觉得这里的食物一定非常好吃。

在团队当中，要广泛地宣扬榜样的力量，通过身边的榜样进行宣传，也能够给人一种如果我按照这个方法做，也能像他一样成功的心理。这种方式很适合企业公司，特别是销售代表表彰等宣传先进典型的演讲。

6.表达希望，与对方达成共识。

想要观点被大部分人接受，可以试着与对手达成共识。这种汇总观点的方法很容易得到大部分人的支持。

俗话说"千难万难，有了志向不难；千易万易，没有决心不易"，但除此之外，使用正确的方法也非常重要。在沟通

第三部分
共情：一切精彩演讲的基础

的过程中，当我们引导着对方主动说出自己的愿景，或者是站在对方愿景的基础之上去沟通，那么我们就能够快速地获得对方的认同，从而达到高效沟通的目的。

演讲思维:
提升影响力的艺术

用问题将听众请到你的演讲里来

"问题是最好的老师",相信大家都曾在某个地方听到过和这句话意思差不多的表述,一问一答,能够让人豁然开朗,演讲更多的是一个说服的过程,而为了说服我们的听众,我们必须与下面的听众产生共鸣,为了能和听众产生共鸣,我们必须做到让听众主动地参与到我们的演讲中来,而主动邀请听众参与进来,最好的方法莫过于提问。

在演讲和当众表达的过程中,为了更好地拉近和听众的距离,也为了更好地引导听众,演讲高手们一般都会采用问答这种互动方式主动邀请听众参与到演讲中来,很多演讲者就是因为抛出问题从而赢得满堂彩的,作为一个演讲者,为了能够让演讲充满趣味性和思考性,又该怎么运用"发问"这个技巧呢?

提问有不同的方式,但我们还需要遵循它的一些基本原

第三部分
共情：一切精彩演讲的基础

则，只有针对话题进行具体分析并进行精准发问，才能够让提问变得更加高效。一般来说，对听众进行提问时，可采用以下五种方式：

一、封闭式提问

封闭式提问就是在一定范围内引出肯定或否定这两种简单答案的问句。这种问句可以有效限制听众答案的范围，听众只能在有限的答案中选择，不过这种方式可以让演讲者取得特定的回答，例如这些问题："条件就是这些，你决定了吗？""您是不是觉得平时工作太单调？""您今天有时间吗？""我能否让大家给自己的家人一点掌声？"对于这类问题，听众通常只能回答"是""不是""对""错""有"或者"没有"这些简短的答案。

通过这些问题，演讲者就可以获取自己想要的答案，可以有效地对听众的想法和态度进行判断，有利于引导演讲和表达的方向。由于封闭式问题的答案很简单，可以在预设问题时，提前根据答案进行相应的准备，这种针对不同回答而预设不同的解决方案，可以让演讲者更加从容地应对听众。

但由于封闭式问题过于直接，容易让听众产生自己很被动的感觉，甚至产生被审问的感觉，因此在提此类问题的时候，一定要注意态度和蔼、谦卑，语气要温和一些。同时，通过封闭式问题得到的信息极其有限，因此这类问题只用用作对听众态度方向上的判断，一般会和其他提问方式配合使用。

　　二、开放式提问

　　与封闭式提问不同，开放式提问不限制听众回答问题的答案范围，而完全让听众根据自己的喜好，围绕主题自由发挥。一般情况下，开放式提问会使听众感到很自然，并能畅所欲言，又有助于演讲者根据听众的回答了解更多有效的信息。不仅如此，听众在感受到不受约束的同时，会感到放松和愉快，有助于双方进一步地沟通与合作。

　　开放式提问可以采用2W1H的方法：是什么（what），为什么（why），怎么做（how）。

　　"是什么（what）"可以这样提问："您对我们有什么建议？""您遇上了什么麻烦？""您对这种产品有什么看法？""您觉得这种这工作什么优势最吸引您？""如果采用了这种方式，您的工作会发生什么变化？"

　　"为什么（why）"可以这样提问："为什么您会对这个东西情有独钟？""您今天为什么如此神采奕奕？""为什么您会面临如此严重的问题？"

第三部分
共情：一切精彩演讲的基础

"怎么做（how）"可以这样提问："为了满足您的要求，我们应该怎么做呢？""您通常都是怎样(如何)应对这些问题的？""为了最终解决这件事，您希望怎么做呢？"

开放式提问是在演讲中被应用最多的提问方式，开放式提问可以保证回答的主动权一直保留在听众自己的手里，而且回答的空间要比封闭式提问大得多。

还有，开放式提问往往会让听众认真思考演讲者提出的问题，封闭式提问更多的是一种威逼胁迫的态势，特别是在演讲开场的时候，曾经有一个演讲者为了引起听众的重视，在开场的时候提出了一个轰动全场的问题："请问大家，你认为你现在活着有意义吗？"虽然这个演讲者的本意是好的，是想让听众参与到讨论中来，但这种提问的方式会让听众反感，很多听众听到这个问题后立刻起身离开了会场，所以说尽量不要在开场时使用这种方式。

三、引导式提问

引导式提问就是提出一些对答案具有强烈的暗示性的问句。

这类问题几乎都可以令答者毫无选择地按发问者所想要的答案作答。例如，"我觉得……你一定会认同，对吗？"

这种句式就是引导式提问。还有在给客户介绍产品时,就可以用这种引导式的问题来试探客户,往往会取得意想不到的效果。

四、探索式提问

探索式提问就是对听众的意见或回答进行引申、试探的一种问句。

这种提问不仅可以发掘更多的信息,而且还能起到探测的作用。例如"我想……你们能否……?""我想开始新课题的研究,你们能否给我一些意见呢?""我想我是爱上你了,你是否能接受呢?"这些都是探索式的提问。

五、证实式提问

证实式提问就是针对听众的答复进行证实或补充。

这种方式经常在关键的时候使用,不仅可以进一步地对问题进行澄清、确认、证实,而且还可以发掘更为充分的信息。在沟通中,可以说这样的一句话:"根据您刚才的陈述,我理解的是……是不是这样呢?"比如,"根据您刚才所讲的,我理解的是我们下一步的工作重点是……您看对吗?"

我们在沟通过程中除了要掌握上述五种提问方式,为了保证演讲的效率和结果,我们还需要坚持提问的四个原则,

第三部分
共情：一切精彩演讲的基础

这些原则都是能够将听众请到我们演讲中的一些方法：

一、客观性原则

提问的主要目的是了解听众的真实想法，而不是诱使听众做出某种承诺或强迫听众接受演讲者的想法。我们在提出问题的时候最好也把反面的效果提出来，特别是遇到一些两难选择的问题时，更要使用这种原则。

大家可以看这样一个例子，在一次演讲会上，听众就之前发生的"北京动物园老虎伤人事件"展开了讨论，大家普遍认为女游客不遵循警示标语擅自下车是咎由自取，演讲者在听众讨论完后说道："女游客下车确实是咎由自取，但我们也要仔细想一想，园方是不是也有责任呢？

首先，园方是否针对这种不听劝阻的游客做了预防措施呢？其次，园方为什么在老虎伤人后还要惩戒老虎？老虎伤人是出于本能，为什么不惩罚私自下车的游客而去责罚出于本能的老虎呢？"

演讲者的这一席话让听众对他看待现象的能力刮目相看，纷纷点头表示认同。这就是明白听众内心的想法后，从另一个角度看待问题。通过这种方法可以让听众更客观地看待问题，这就是客观性的原则体现。

二、阶段性原则

阶段性原则就是向听众提问时把问题分布在不同的时间段上，避免连续提问，因为连续的提问会使听众对演讲者产生反感。连续提问一般都是记者在质问某些人时才会使用的，会让人产生一种压迫感，从而坦白真相。演讲者与听众的关系并没有那么紧张，两者之间更多的是分享，所以不要把问题都堆在同一个时间点上，不然会让听众感到不舒服。

三、鼓励性原则

鼓励性原则就是在提问时鼓励听众做出较深入和较详尽的回答，并且在听众回答完后，及时地报以感谢。不管听众的回答是好是坏，或是带有挑衅性，演讲者都要这样做，因为只有这样才能够最大限度地提升听众的积极性。

四、明确性原则

明确性原则就是让所提问题容易被听众理解和回答。应该避免提出过于复杂和冗长的问题，简单来说就是，提问要简单明了，不啰唆，不拖泥带水。

向听众提问需要讲究方式方法和原则，提问是演讲的一种重要的表现形式，适当的提问在表达过程中可以起到很好的作用。

第三部分
共情：一切精彩演讲的基础

讲究提问的方式和遵守提问的原则，一方面可以使听众参与到演讲中来，同时也能体现出演讲者对听众的尊重和关心；另一方面，提问题可以促使听众集中精力，更好地理解和记忆演讲者抛出的信息，同时通过问题我们还可以检验事先判断的准确性。

在向听众提问的过程中，演讲者应该时刻注意以上方式和原则，并且灵活运用，用提问的方式将听众请到我们的演讲中来，如果我们能做到在演讲中不留痕迹地用问题引导我们的听众，那么，征服听众就会容易很多。

为了让演讲和当众表达更高效，和听众的关系更紧密，我们可以采用封闭、开放、引导、探索、证实五种形式来灵活提问，同时遵循客观、阶段、鼓励、明确四个原则，更高效地掌控演讲和沟通的进程，我们也可以借用发问的技巧来打断听众的质疑，逆转现场的不利局势，让演讲得以延续。

第四部分

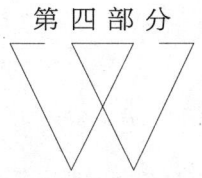

框架思维：

让你的演讲更有黏性

演讲和沟通在本质上是一样的,要想让我们的演讲,能够吸引听众长久地听下去,那么我们必须具有框架性思维,去黏贴我们的听众。

第四部分
框架思维：让你的演讲更有黏性

"六色思维"帮你构建良好的沟通环境

在开始这一节的内容之前，大家可以先思考这样一个问题——我们不分日夜地努力工作，到底是为了什么？是的，我们这么努力就是为了提升自己的职位，增加自己的薪资，实现自己的人生价值，给自己和家人创造更好的物质生活条件。

但要想在职场上取得我们想要的好结果，除了自己的专业技能和努力程度，还有一个重要的决定因素——工作中的人际关系，这是我们每个人都应该注意的重要一环。公司中人际关系的好坏直接影响着你的的工作环境优良，甚至决定着你的事业前途。只有在良好的人际关系中开展自己的工作，才更容易让他人配合自己，有了他人的配合自然就更容易有好的业绩。

人际关系紧张会令你在工作中孤掌难鸣，举步维艰。原本大家都是同事，有着共同的目标，可能你们原本还是朋友，但是在共事之后，彼此却会产生很大的分歧，甚至会水火不容，

演讲思维:
提升影响力的艺术

这是什么原因造成的呢?有的时候,大家在开会时喋喋不休地争吵,互不相让,好像都是在坚持自己的原则,都是为了公司好,可结果却事与愿违,问题究竟出在哪里呢?

出现这样的问题主要是因为大家在沟通的时候没有建立起一个完备和谐的语言环境,进而导致信息传递和观念交流不畅顺,消耗了彼此的精力和耐心,有时还会把客观必要的工作会议、交流探讨变成一次次永无休止的争吵。

既然一个完备和谐的语言环境如此重要,那么我们究竟该如何构建和改善我们的人际交往环境呢?在职场里,我们需要在说话的时候保持一种什么样的思维才能够让同事、领导对我们青睐有加呢?

在这一节内容里,我将为大家提供六种方法去组织自己的工作语言——我将其称为六顶"思考帽"。掌握了这六种思考方式,再结合工作中的实际情况,灵活运用,大家就能够在工作交流中顺风顺水。

这六顶"思考帽"分别是蓝色、白色、红色、黄色、黑色、绿色,它们一一对应了六种不同的思维形式和沟通模式。

一、蓝帽思维

蓝色是冷静的颜色,我们在沟通和交流中选取蓝色的帽

第四部分
框架思维：让你的演讲更有黏性

子，就意味着我们要保持客观冷静的思考，这种蓝帽思维代表思维过程的控制与组织，它是我们工作时的主心骨和领导，它会让我们更全面、更冷静地控制工作、沟通和思考的全过程，它可以控制其他思维。

戴上蓝帽子就要求我们不管遇到什么事情都先不要着急下定论，先主动地引导别人发表对于这件事情的看法。蓝帽的作用就是管理大家的发言，给自己的思考留有一定的时间和过程，然后再确定下一步要干什么，明确完成时间，确保沟通交流的效果和进程。

二、白帽思维

白色代表着客观，白帽就是客观的事实和具体的数字。与白帽相关的是具体情况、客观存在和有目共睹的事实。

这种思考方式就是尽可能地在我们沟通的时候，用数字和数据来代替我们口头习惯表达的东西，让大家能对当前的情况有一个清晰客观的认识，而不是笼统地表达。例如，很多人在表达时喜欢这样说：今天很冷；课文背诵的效果很好；高铁运行时速很快；公司的人员流动率很高等。

这样的话语虽然听众也能理解，但会觉得你的表达并不客观，有些笼统，如果用白帽思维来描述，就是这样：今天的气温是零下10摄氏度,确实很冷;课文背诵通过率是100%,效果真好;当前高铁时速为280公里每小时,运行时速很快;公司人员流动率为48%,流动率很高。

这样讲,是不是感觉客观很多了呢?一般在沟通的时候,白帽是用来说明现实情况的,可以从三个方向进行说明:我们目前有什么东西?我们希望得到什么东西?我们该怎样得到这些东西?

三、红帽思维

大家都知道红色表示愤怒和不满的情绪,这是一种主观的颜色,在沟通中代表着情感、情绪、预感和直觉等问题。

什么时候使用红帽思维呢?表达自己的态度或者情绪的时候一般都会用到红帽思维,但我们在这里不能只表达态度,还得加一个帽檐——添加一个后果。例如:你只说'我不喜欢',对方可能会想你不喜欢他,这样很容易使对方产生抵触情绪。在这里你可以这样说,我不喜欢这个计划,我觉得这种做法太冒险了;我不喜欢你们处理这件事情的方式,我的直觉告诉我,价格很快就会跌下来。

这种表达会让大家认识到你对这件事情的态度,同时也会知道你对这件事情后果的考虑。表明原因,要比我们只表达一个态度要好很多。红帽思维允许人们将感觉与直觉放进来，不需要道歉，不用解释，也不必想办法为自己的行为辩解。在使用红帽思维的时候，不要瞻前顾后，被害怕、同情、嫉妒等思维包裹会限制你的表达。

四、黄帽思维

黄色代表积极和乐观，黄帽思维包含着希望与正面思想，代表思考中占优势的问题和可取之处。

思考的方向大致有：为什么可以做这件事情？这么做有什么好处呢？这件事情的优点在哪里？

黄帽思维多用于发现某种事物的优点，证明这件事是可以做的，但是一定要符合逻辑规律。还有一点就是当大家对某件事情不确定的时候，黄帽思维可以在事件的基础上提出一些可行性的建议。黄帽思维有利于寻求线索，预测趋势和找出其他的可行性办法。

五、黑帽思维

与黄帽思维相反，黑色是阴沉、负面的。黑帽思维代表着思维中的谨慎小心，多用来评估和分析风险、事实与判断是否与证据相符等问题。让大家适度分析有哪些现有的和潜在的挑战？会遇到什么困难？需要小心的地方是什么？这样做会存在什么风险？

我们在什么情况下会用到黑色帽子呢？其实用到的情况还是比较多的，比如对一些事情或者数据表示质疑时，指出不符以往经验或者约定俗成的事件的时候，在这些情况下都应该合理地提出自己的个人看法，指出未来会有怎样的危险或者可能会发生什么问题。

黑色帽子其实是一种强势思维，可以用黑色帽子来对付已经带了黑色帽子的人。当然了，扔出了黑帽子，大家就得提出应对方式，不然会被认为是没事找事。

六、绿帽思维

绿色代表生机，绿帽思维代表着创造力，代表思考中的探索、提案、建议、新观念以及可行性的多样化。运用绿帽思维时，要产生新的想法，促使产生更多更好的想法，这才是最终的目的。绿帽思维多用在使用鼓励性语言，寻找新方案，改正错误，创造新的谈话氛围时，它可以平衡泼冷水带来的副作用。

绿帽思维就是要产生更多的可能性，广开言路，所以在使用时要快速地将脑海里冒出来的想法记录下来，因为一些想法需要在思考之后才知道有没有作用。使用绿帽思维时想法越多越好，除了自己要有想法，还要多多依靠同事的想法。

第四部分
框架思维：让你的演讲更有黏性

有的时候提出一个全新的概念，并且验证其可行性要比提一个稳健的想法更加吸引你的听众。

熟悉了几顶思维帽子的颜色，接下来我们还要掌握一些帽子的戴法以及戴帽子的顺序。在这里我将通过一些案例来具体分析如何具体运用这些思维方法。

公司开会讨论"该如何改进公司用车消耗"的问题，主持会议的人或者领导首先就应该戴上蓝帽子，像指挥一样引导听众，控制会议的整体流程：目前办公用车存在年限长、油耗大的问题，今天开会讨论解决方案，大家先了解下情况……

负责阐述背景信息的员工就可以戴上白帽，客观描述事实。

有的人说：员工越来越多，业务范围越来越广，办公用车的数量满足不了需要，为提高业务办事效率，至少需要增加20%的车辆。

有的人反映说：车子的车龄大多大于5年，有的甚至已经超过10年。

还有的人反映：办公用车油耗高，油费报销占到报销费用的40%。

这时候，戴蓝帽子的会议主持人就要控制会议节奏，给出指令：大家都想想主意，该怎么办？

于是大家又戴上绿帽子,提出各种各样的建议:比如根据设备折旧,是否可以调整车子折旧的期限,或者采取策略,租赁车子,减少维护成本。

然后,戴黑帽子的财务主管给大家泼冷水:现在更换车子,预算怎么通过?

戴蓝帽子的会议主持要把握好进程:先别忙着说办不到,先听一下这么办有什么好处?

支持换车的员工都戴黄帽子,提出如果解决掉问题可以降低公司的成本消耗;节省出来的经费可以用来给员工发福利。

戴蓝帽子的会议主持此时还要听一下不同的声音:现在讨论以上方法的局限性。

戴黑帽子的财务主管告诉大家目前换车子有哪些困难:资金不足。

蓝帽子会议主持在听取了大家的意见后,要让大家根据自己的个人意见来发表看法:那么从目前看,解决方案主要集中在换新车和调整配置策略两方面,大家举手表决一下优先顺序。

于是大家又换上红帽子,根据自己的意愿,表决顺序如下:

1. 把少量更新车的机会留给更需要外出办事的员工。

第四部分
框架思维：让你的演讲更有黏性

2.大部分员工利用私家车发补贴，节约成本。

3.减少报销。

最后是戴蓝帽子的会议主持根据大家的意见下结论：本次会议经充分讨论，解决了员工疑问，找出了切实可行的方法，会议取得圆满成功。谢谢大家。

其实这些思维帽子的使用方法无外乎：先让大家说清楚；再看自己的态度；明白现在的情况；想想未来好的景象；冷静下来多分析；鼓励大家多建议。

学会使用各种思考方式才能够在沟通中立于不败之地，我们在日常生活中会面对形形色色的沟通环境，只要我们能在思维以及思考方式上做到不乱于心，就能在复杂的沟通环境中发散自己的影响。

一个完备和谐的沟通环境，能让我们的沟通更高效，而想要建立一个完备和谐的沟通环境，我们就不得不从思维模式以及思考方式上着手。

演讲思维：
提升影响力的艺术

用问题主动引导演讲方向

看到这一节的标题后，可能有人会问：为什么我们要拥有话语权？没有话语权难道就不能说话了吗？虽然我们都有讲话的权力，但这并不代表你讲出来的东西就会有人愿意听，愿意做。

话语权不是指说话的权力，而是指在沟通中的主导地位。只有在沟通中拥有了话语权，才能够在日常交流中占据主动权，有效地掌控沟通的进程，才能够让表达更有说服力，才能够让沟通延续下去。

将话语权牢牢把握在手中，并非是要靠"武力和权势"去欺压对方，而是靠提升表达的有效性和针对性，体现出强于对方的道理和解决问题的能力。在这一节，我将为大家介绍一种可以在沟通过程中快速获取主动权的方法——丰田五问法。

第四部分
框架思维：让你的演讲更有黏性

"丰田五问法"其实就是"丰田汽车公司"在多年的客户服务中总结创立的一套有效的沟通机制，它帮助丰田汽车公司解决了很多难以解决的问题，并且在国际谈判中多次为自己赢得了主动权。

"丰田五问法"又叫"5Why（为什么）分析法"，它更像是一种沟通诊断性技术，鼓励解决问题的人努力避开主观或假设和逻辑陷阱，从结果着手，顺着因果关系链条顺藤摸瓜，直至找出原有问题的根本原因。

通过解决根本原因，防止问题再次发生。在这个过程中，通常需要5个"为什么"的连续追问，但这并不代表一定要是5个问题，也可能是3个，直至找到问题的根本原因，问题的数量需要根据不同的事情具体对待。

对一个问题的根源进行深入探寻，一直到无法找到其他理由才行，在通过这种方式解决问题时，一定要提出一个问题，然后设法马上找出当前问题的答案，再针对给出的答案继续深入探讨，再提出一个问题，再解决，反复多次，直至找到问题的核心和根源为止。下面一则小故事能够让大家直观地了解"丰田五问法"是如何找出问题的根本原因的：

演讲思维：
提升影响力的艺术

小蜗牛看到其他很多动物都没有壳，觉得自己背上的壳是累赘，于是就去问蜗牛妈妈：妈妈，为什么我们从生下来，就要背负这个又重又硬的壳呢？

蜗牛妈妈温柔地回答说：因为我们的身体没有骨骼的支撑，只能爬，又爬不快，所以要这个壳的保护！

可是蚯蚓弟弟也没有骨头，也爬不快啊，更不会变成蝴蝶，为什么他不用背这个又重又硬的壳呢？

因为蚯蚓弟弟会钻土，大地会保护他！

小蜗牛哭着说：我们好可怜，天空不保护，大地也不保护！

妈妈：所以我们有壳啊。我们不靠天，也不靠地，我们靠自己！

"丰田五问法"就是这样通过一个个问题找出答案的。在工作中，不管是领导者，还是普通工作者，只有将问题的根源找到，才能够让大家认认真真地倾听你的表达，掌握话语的主动权。

鼓励解决问题的人避开主观的假设和逻辑陷阱，从结果着手，顺着因果关系链条顺藤摸瓜，穿越不同的抽象层面，直至找出问题的根本原因。在这个过程中，一定要避免陷入

第四部分
框架思维：让你的演讲更有黏性

循环的误区，进行问题探求的时候不能为了反驳之前的理由又重复提出已经提出过的问题，要根据已经给出的理由再提出新的问题，最后一步一步地将问题的根源解决掉。

比如下面的这个问题解决案例：

美国华盛顿的杰斐逊纪念堂门外有一块百年石碑被腐蚀得很严重。为了解决石碑腐蚀的问题，政府召集了多名专家进行商讨，最后的解决方法可谓是不可思议，但却有效地解决了石碑腐蚀的问题，这个解决问题的过程就用到了"丰田五问法"：

看到石碑被腐蚀的现状，专家首先追问原因，提出了第一个问题：为什么石碑会严重腐蚀？

调查后发现，是因为清洁工人经常用清洗剂清洗石碑，清洗剂造成了腐蚀。专家马上去找清洁工人询问，从而提出了第二个问题：为什么经常用清洗剂清洗石碑？

清洁工人给出的解释是因为鸽子经常光临，在石碑上留下了不少鸟粪，所以需要清洗，而且鸟粪不好清洗，必须使用清洗剂。大家又立刻去调查鸽子大量聚集的原因，这就产生了第三个问题：鸽子为什么会经常来这里？

演讲思维：
提升影响力的艺术

经过调查发现，原来鸽子喜欢聚集到石碑上的原因是，这里有一种它们非常爱吃的蜘蛛。于是大家又开始去调查石碑处有大量蜘蛛的原因，产生了第四个问题：为什么这里会有这么多的蜘蛛？

研究发现这里的蜘蛛能够轻易吃到一种飞蛾，它们甚至可以不用织网就能够捕获到这种飞蛾。因此，蜘蛛大量聚集到这个地方。专家们又开始思索这里的飞蛾为什么特别多，所以又提出了第五个问题：飞蛾为什么喜欢光顾这里？

通过这一系列问题的提出和解答，专家们最后发现，飞蛾是受到纪念碑周围的灯光吸引才聚集到这里的。它们引来了大量的蜘蛛，而蜘蛛又引来了鸽子，鸽子在石碑上留下了很多鸟粪，清洁工人为了清洁鸟粪不得不使用清洗剂来清洗石碑，导致了石碑被清洁剂腐蚀。

问题的根源找到了，纪念堂决定延迟灯光打开的时间，同时大量布置灭虫灯来灭杀飞蛾。飞蛾的问题解决了，也就没有那么多鸽子来了，石碑就不用经常用清洗剂来清洗了。一个简简单单的五问法就解决了纪念堂石碑腐蚀的难题。假如我们能够对任何一种问题进行刨根问底的探求，相信也会

第四部分
框架思维：让你的演讲更有黏性

找到很多解决方式。

也许，很多人会认为这个方法实在太麻烦了，还要提出那么多的问题，我一步解决不就可以了吗？其实在沟通的时候，往往就是因为没有从问题的本身出发去发现问题的根本性原因，只解决了问题的表面现象，而不是一劳永逸地从根本上解决问题。

"丰田五问法"并不急于立即解决当前的问题，而是立足于寻找产生问题的根源，找出长期的对策。当层层深入分析出问题的所在并且提出解决的办法后，沟通才会做到直抵人心，也才能够在这样的方法中彻底掌控话语权。

既然我们知道了"丰田五问法"的好处，那么我们该如何将这种方法运用到实践中呢？其实很简单，就是在沟通的过程中一定要保持问到底的精神，不能半途而废，只有这样才能发现问题的根源所在。具体方法如下：

首先我们可以将问题想象成一座冰山。在沟通时，提出的针对性问题是什么？把这个问题看成是冰山露出水面的部分，然后在脑海中想象这座冰山下面有什么？也就是问题涉及哪些方面？

其次，我们该把这座冰山倒过来，想好了问题涉及哪些方面后，把这座冰山倒过来，分析所涉及的问题核心。例如，问题是，汽车跑不快了。那么汽车跑不快，可能是发动机、制动、燃油等方面的原因。接着再来想一下，决定汽车动力的是发动机，那就应该去检查发动机是否出现了问题。这就是我们所说的——把冰山倒过来。

接下来我们就要把这座冰山给劈开，当确定了问题的核心后，就要对问题的核心展开分析。比如，汽车跑不快了，原因可能出在发动机上，那就层层深入分析发动机为什么不能提供足够的动力，再分析是哪个地方决定了发动机的输出？应该是气缸。那为什么气缸不送气了？就这样层层深入地分析，最后就会得出我们想要的答案，然后，我们再根据答案来制定最终的解决方案。

最后，我们要将这座冰山彻底炸掉。在发现了问题的根源后，除了要提出解决办法炸掉这座冰山，还需要提出预防措施，防止后面再次出现类似的问题。

同时，还需要做详尽的记录，以便在事后能够查询到相关的信息，当有些问题无法解决或我们没有相应权限去解决时，应该及时友好地与对方进行沟通或协调，通过这种方式，让沟通对象感受到你确实是在认真地努力解决问题。

第四部分
框架思维：让你的演讲更有黏性

"丰田五问法"可以有效地解决沟通合作中所出现的问题，并且能够避免再一次犯同样的错误，在沟通中一旦层层深入分析问题，就能够让听众聚精会神地听演讲者讲，并且能不懂声色地将话语主动权掌握到自己的手中。

本节内容总结起来其实就是，通过"丰田五问法"不动声色地抢占话语权，通过掌控话语权来说服我们的听众。

看似非常杂乱的方法归纳总结起来，其实也就三步：掌握现状，将焦点集中到查找问题原因的实际要点上；调查原因，如果原因明显就验证它，如果原因不明显就要考虑潜在的原因和检查类似事故，以事实为基础确认直接原因；纠正问题，实施纠正措施来解决根本原因，并防止它再次发生，跟踪并核实结果。

通过沟通交流解决现实问题，分析制定措施，这就是"丰田五问法"的精髓所在，掌握了丰田五问法就能够在沟通中避免掉很多不必要的麻烦。

演讲思维:
提升影响力的艺术

满足听众需求,让听众快速爱上你的演讲

相信大家通过前几章的阅读学习后,已经大致了解了一些有关演讲的基本功,那么,接下来我们要面对的问题就是演讲内容的设计。

一个优秀的演讲,除了要有好的表达形式和技巧,更要有好的内容。这就像一道美味的菜肴,除了厨师的技艺要非常高超,食材的选择也要特别考究,并且还要搭配适宜,做到色香味俱全,这样做出来的菜肴才能够吸引顾客前来品尝,甚至是喜欢上这道菜。

演讲内容的设计就好比食材的选择,直接决定着演讲的最终效果。一篇好的演讲,一定要吸引听众,让他们全神贯注地倾听。

在日常工作和生活工作和生活中,大家应该都有过这样的感觉——领导的长篇大论就算再慷慨激昂、催人奋进,底下

第四部分
框架思维：让你的演讲更有黏性

听讲的人大多也会昏昏欲睡。然而对比轻松有趣的相声，为什么听多久都不会昏昏欲睡呢？或许大家会觉得这是因为场合的不同而导致的结果——开会的时候毕竟不能像说相声那样幽默打趣，事实上这样的观点并不正确，很多领导在会议上的发言也是很有吸引力的。

很多人在演讲的时候，无法做到长时间让台下听众全神贯注地听讲，这并不能完全证明演讲者说得不好，而是演讲者在很多细节上没有做到位。

有这样一个案例大家可以仔细体会一下：有一位朋友向某学校的学生介绍自己所从事的工作，他本人是从事航空发动机叶片制造工作的，他对自己的工作感到非常骄傲，而他本人在业界也有相当的知名度和影响力，学校里的学生大都也是航空制造相关专业的，但是当这位朋友介绍了10分钟后，却变得垂头丧气，因为他发现台下的同学不是在玩手机，就是离席而去。

你可能会觉得这些学生的做法不尊重人，但事实却并不是这样的，如果当时你也在现场，你同样会和那些学生一样走神、玩手机。演讲结束时，这位朋友与学生们互动，他在询问大家的感受的时候，学生们纷纷表示自己听不明白他说

演讲思维：
提升影响力的艺术

的内容——太高深，也太晦涩了。

关于航空发动机的话题，并不是说无法引起大家的兴趣，而是他讲得太生涩、太难懂了，大家接受不了，最终不得不放弃。这种情况在生活工作中很常见，问题其实都出在演讲内容的设计上。

也许有人会有疑问，难道演讲内容还要特意设计吗？当然要设计了，如果不设计那岂不是在台上胡说八道了。演讲的内容一定要提前设计好，要知道这是演讲最重要的环节，并且这一环节往往直接决定着演讲的成败。演讲内容的设计包括论题和主题以及题目选择三个部分。

选择论题，其实就是选择要说什么，也就是确定演讲时所要阐述的主要问题。

在进行论题设置的时候，一般要遵循以下两个原则：

第一个是需要性原则。 论题必须是贴合当下社会环境和听众急切需要解答的问题，也就是说论题必须是大家都愿意思考的问题。例如"我和你母亲同时掉进水里，你会先救哪一个？"提出这样的问题，很容易会引发大家的思考。

选择大众都关注并且都迫切想要得到答案的问题来进行阐述，从而解决大家都关心且急于得到回答的问题，这样的

第四部分
框架思维：让你的演讲更有黏性

论题才有价值，才能被听众普遍接受，对于那种不痛不痒、毫无现实意义的说教，永远都无法得到听众的欢迎。

大道理谁都懂，没人喜欢被教育，更没有人喜欢被告诉应该怎么做。如果选择的论题本身毫无价值，听众们又不需要，那就不要选。有的论题虽然也有一定的价值，但放到当下时代环境中去考量，却没有多少人愿意去注意它，这样的选题同样也不要选择。

第二个是适合性原则。选择那些适合演讲听众、演讲时间、演讲场合和演讲者本身的论题，论题虽然要有价值，但我们还要考虑听众能不能接受，这需要我们综合听众的年龄、性别、受教育程度等诸多因素。

举一个很简单的例子，你在台上演讲的时候，台下的听众是一群小学生，那么你就不能用对企业员工演讲的方式进行演讲了。就好像之前那位讲飞机发动机叶片的朋友，如果他用大家都听得懂的方式来讲述他所从事的工作，那么他的演讲就不会成为听众的"休息时间"了。

另外，就算你的演讲方式没有问题，但如果所讲的内容和自己的身份不符，讲出来的东西同样也没人信，例如你身着黑色西装，皮肤看起来很白皙，让人感觉没怎么吃过苦，却在台上述说自己当兵打仗的事情,你觉得会有几个人相信?如果你身姿挺拔,皮肤黝黑并且说话声音刚毅有力,就算你本人没有亲历过战争,讲关于军队的内容,大家也会相信你说的是真的。

说完了选择论题的两个原则,下面我们就要明确演讲的主题了。

演讲的主题,其实就是在演讲中所要表达的中心思想和基本观点。它体现着演讲者对所阐述问题的总体性看法——整个演讲的"灵魂"和"统帅"。确定演讲的主题也有四个原则需要我们去遵守:

首先,主题正确——要弘扬正能量,展现积极向上、健康的精神内涵,不能传播歪理邪说,更不能传播一些危言耸听、封建迷信的东西。

其次,主题鲜明——对于所提到的事物一定要有一个明确的态度,是肯定还是否定,要坚决地表达出来,不能事实而非、模棱两可。

这个原则需要我们格外注意,任何事物都有其两面性,要充分肯定事物中好的一面,同时要充分、大胆地批评不好的一面。演讲中最忌讳的是"其实也挺好的……"这样的话语,

第四部分
框架思维：让你的演讲更有黏性

这种话语很容易让听众产生误会，甚至是产生反感，这会让听众觉得演讲者就像是墙头草——两边都不得罪。

然后，主题集中——演讲的主题必须凝练、单一、集中。一般说来，一篇演讲只能有一个主题、一个中心，不能多主题和多中心。在演讲的过程中，可以将以主题为核心的小主题依次罗列给听众，有条理有顺序地按照线索来讲，千万别东扯一点，西扯一点，不然听众们就不明白你究竟要说什么了。

"伤其十指，不如断其一指"，确定一个主题、一个中心，用不同的表现方式来阐述所要说的主题，这样做也不会让演讲轻易地跑题，听众们也会觉得演讲者所说的东西有干货、不散乱。

最后，主题深刻——演讲的主题，一定要有深刻的影响力和教育意义，无论是讲人、叙事还是论理，都不能停留在表面现象上，应该深挖事物的本质，把握事物的背后规律。这是演讲者对事物认知由表及里、由浅入深的思想"飞跃"的一个过程。只要抓住了事物的本质，演讲的主题就会具有深邃的思想性。抓住了事物的特征，演讲的主题就会具有鲜明的"个性"，就会"新颖"。

演讲思维：
提升影响力的艺术

有的演讲者没有从事物的内部规律去完整地认识事物，也没有抓住事物的本质特征，只是在演讲的过程中一味地喊空洞的口号，如此便认为内容具有深刻的含义了。口号谁都会喊，但这样的方法无法让演讲的主题更加深刻。例如，为即将高考的学生做演讲，号召大家"为中华之崛起而读书"，台下的掌声肯定会稀稀拉拉。

如果，我们换一种说法，告诉大家"上了大学就能有更多的时间学习自己喜欢的知识"，掌声肯定会比前一种说法热烈得多。"为中华之崛起而读书"当然没有问题，但这样的口号并没有从学生的实际情况出发。把主题换成与大家切身相关的，听众自然就会听得进去，也认为你说出了他们的心声。

说完了主题，最后我们要说的是演讲的题目。演讲的题目，是演讲者给整个演讲竖起的一面旗帜，它不仅与演讲的形式有关，更重要的是与演讲的内容、风格、基调有直接关系。

题目决定着内容，而内容则鲜明地显露出题目的特点。一个新颖、生动、恰当而富有吸引力的题目，不仅能在演讲前吸引听众的注意力，而且在演讲结束之后也会给人留下长

第四部分
框架思维：让你的演讲更有黏性

久的记忆，让人一想起演讲的题目就立刻想到这场演讲。

题目对于听众具有很大的吸引力，但演讲的题目不能像网络文章的标题那样，通过设置悬念来引发听众的好奇心，例如演讲的题目中坚决不能出现"震惊！某某某竟然在光天化日之下干出这种事！是道德的沦丧，还是人性的泯灭？"这类夸张的表述，听众们要是听到这样长、这样复杂的演讲题目，肯定会觉得格外恶俗，毕竟演讲与读文章是不一样的传播形式，我们不能用博取眼球的方式去抓住听众的耳朵。

我们可以用最近比较盛行的"知音体"来对题目进行命名，例如"拿什么来唤醒你？我的爱人"这个题目听众们一听就知道是讲述爱情的，大家如果感兴趣，自然会耐心地听下去；再例如"躯体的异变，一次次的谎言"这个题目，内容其实是讲述谎言与身体反应的，但这个题目听起来却很"高大上"。

确定题目的时候，最好做到有一些文采。对比一下《我与二丫晚上在村头一起看星星》和《山楂树之恋》这两个题目，哪一个会让你更感兴趣？

其实归纳起来，大家在确定题目的时候可以参照文题相符，大小适度，遣词得体，合乎身份这四个方面。用这四个小原则来确定演讲的题目。

演讲思维：
提升影响力的艺术

认认真真地设计好演讲的内容，是演讲准备工作中非常重要的一环。一场条理清晰的演讲，能够帮助演讲者快速吸引听众的注意力，更能让演讲者信心十足地到台上做演讲。

第四部分
框架思维：让你的演讲更有黏性

制造惊喜，意外带来的演讲黏着力

俗话说，"计划没有变化快"，演讲和当众表达经常会遇到类似的情况：不管做了多么充足的准备，也只能最大限度地降低意外事件发生的概率。

有时"运气"还是会跟我们开玩笑，出现一些意外情况：演讲者正在台上情绪饱满、手舞足蹈地演讲时，突然话筒没有声音了，或者当讲到一个很棒的观点时，正等待听众的掌声和欢呼声，台下却有人突然提出反对声音，打了一个措手不及。

其实，不管是谁，哪怕是那些演讲高手，对于一些状况都没有办法绝对避免，但区别就在于，演讲高手能把这些意外视为惊喜和机会，用恰当的方式灵活应对，让演讲更真实、更出彩、更有魅力。我们要清楚，意外可以吸引听众的注意力，可以让演讲更有黏着力。所有这些积极应对的技巧都来源于经验，不同的人会有不同的处理办法，但终归是有规律可循的。

在这一节内容中，我将同大家着重讨论关于处理意外状况的一些技巧以及如何从思维上重新认识突发状况，我们要从根本上纠正意外状况是不好的这一观念。通常情况下，处理突发状况有三个技巧：

第一个技巧：控制好态度

在应对突发状况时，我们一定要有一个好的态度，这是应对突发情况的制胜法宝。因为在很多当众表达的场合中，并不需要太高明的说话技巧，只要我们能够展现出一个好的态度，就能够很好地解决一切，不管是遇到什么意外情况，只要能够摆出诚恳道歉的态度，听众就会原谅你。

如果再配合一点点语言习惯上的小套路，就能够很好地化解尴尬，也能够体现出你的高情商，让听众们觉得你平易近人。

某电影院举办了一次看片会，因为放映机出现了问题，放到一半就无法继续下去了，场面尴尬异常。电影主演勇敢地走到了台前，他首先诚恳地向大家致歉："对不起，因为设备的原因耽误了大家的时间。"紧接着，他又开玩笑说："我在片中有扮年轻装嫩的戏份，经常被搭档调侃，有时我自己

第四部分
框架思维：让你的演讲更有黏性

都看不下去了，不过话说回来，我虽然人老了，但眼神还是挺单纯。"就这样，在这轻松自如的聊天中，将原本很尴尬的事情给盖了过去。

当意外发生时，首先用诚恳的道歉来缓解现场听众的对立情绪。原本并不是我们的过错，却来向听众道歉，明事理的观众都明白这不是电影主演的错，但我们替主办方诚恳道歉，观众也就自然没有办法迁怒于他人了。平复了观众的情绪，紧接着又和观众开开玩笑，让他们重新燃起观影的兴趣。这个例子让大家意识到，就算不是自己的过错，也一定要照顾好听众的情绪，用好的态度去消弭突发状况带来的影响。

如果遇到听众有意挑衅，就更应该控制好自己的情绪，用好的态度加上智慧的表达安全地化解意外状况。

想要化解突发情况造成的尴尬，第一步就是要先有一个诚恳的态度，这对于缓和由于突发情况造成的尴尬是很重要的。

一个演讲者在言谈举止中体现出的基本素养，不单单只看演讲者演讲的功底，听众们还会看演讲者在应对突发状况时的样子。而这时候，演讲者的表现最是能够让听众了解到其真实的面貌。

假如说一个平常文文静静的姑娘遇到急事就破口大骂，那大家对她的印象肯定不会好，演讲者遇到突发情况时，一定要保持冷静，不要急躁，拿出一个诚恳的态度，让听众看到你是一个有素质、有涵养的演讲者，这样就算出了再大的突发情况也不要紧。

第二个技巧：学会幽默

这个技巧对于化解因为人为原因造成的尴尬是很有用的。

演讲者在台上演讲，台下的听众不可能全部老实本分地听讲，总有个别的听众绞尽脑汁地想让演讲者出丑，闹笑话。特别是演讲进行到提问环节的时候，是最需要警惕这些好事者的时候。他们所提出的一些问题很刁钻，如果不仔细思考的话，很可能会出丑，还可能会得罪人。

要是能够学会用幽默来化解这些突发状况，不但能够让制造意外者碰一鼻子灰，还能够有礼貌地回击对方，同时还能够让其他听众看出演讲者的情商之高。

英国前首相威尔逊在演讲中曾受到听众的侮辱，他却用幽默化解了这让人难以忍受的尴尬：当时他在台上演讲，台下突然有人高声叫骂道："狗屎！垃圾！"威尔逊急中生智，不慌不忙地说："这位先生。少安勿躁。我马上就会讲到你提

第四部分
框架思维：让你的演讲更有黏性

出的关于环保的问题。"

威尔逊巧妙地将"垃圾"和"狗屎"两词故意曲解成"环保的问题"，以幽默赢得了听众的支持，对方气得直咽唾沫却又无计可施。

用幽默的比喻化解一个尴尬的问题，既能够突出演讲者的水平，还能够展现出演讲者的素养。

第三个技巧：适度自黑

自黑并不是自嘲，自黑要比自嘲更能彰显不凡的气度。自黑不但能够帮助演讲者化解尴尬，还能帮场下的听众化解尴尬。

自黑不但能够成功转移听众因突发情况所造成对尴尬节点的注意力，还能够让听众看到演讲者用语言承认自己的不足，同时乐观向上地对待听众的态度，这样观众就会为演讲者打一个高分。

此外，适度的自黑还能够帮助自己转移掉尴尬的视线，特别是有外人在场的时候，这时候为了能够化解掉主人的尴尬，与听众打成一片是化解突发情况中最有效的一种方式。

美国前总统里根在第二个总统任期内曾访问加拿大，并在加拿大总理皮埃尔·特鲁多的陪同下来到温哥华的广场发表演说。正当里根精神振奋地演讲时，台下有人高喊让他停

演讲思维：
提升影响力的艺术

下来，接着一群人开始喊反美口号，这些人明显有强烈的反美情绪。作为加拿大的总理，皮埃尔·特鲁多对这种无理的举动感到非常尴尬。

里根则面带笑容地对他说："这种情况在美国经常发生，我想这些人一定是特意从美国来到这里的，可能他们想使我有一种宾至如归的感觉。"里根这种幽默的话一说出口，场面反而平静下来了，于是他的演说得以顺利进行。

在演讲时，由于观点不同，所属的派别不同或出于其他的目的，有时候就会出现故意找碴的人，对待这种情况，如果针锋相对地争吵或辩论，只会将演讲拖入"对抗"之中，于化解眼前尴尬局面是没有任何作用的。

如果从听众的角度去思考问题，就会有意想不到的收获。里根的这句"可能他们想使我有一种宾至如归的感觉"看似和听众结为一体的话，既安慰了加拿大总理，也让那些起哄的人平静了下来，可谓一箭双雕。

如果在演讲现场遇到尴尬的情况，我们一定要快速平复好自己的心情，用诚恳的态度，带一点幽默和自我嘲讽的方式来化解掉这突如其来、让人不知所措的尴尬。

当听众提出反对意见时，我们可以说："我特别理解你的

第四部分
框架思维：让你的演讲更有黏性

想法，这种想法和感受非常真实和客观，在我思考和准备这次演讲时，我也有过同样的想法……"紧接着再列举一些不利的因素，最终说服听众。

生活总是如此，处处都有陷阱，处处是惊喜，我们要充分发挥自身的优势，灵活地应对各种突发情况，让我们的演讲水平更上一层楼。

演讲思维：
提升影响力的艺术

破除主观思维，让听众感受到你的善意

"心有多大，舞台就有多大"，这是我们很多人都知道的一句话，只要我们能够在提升演讲和当众表达能力的征程中不断砥砺前行，就一定能够成为舞台中央最闪亮的明星，绽放出最迷人的光彩。

在这之前的内容中，我们大都讨论的是一些演讲过程中的技巧，而在本节内容中，我将为大家分享有关演讲"陷阱"的两大部分内容。

别觉得我们讨论有关演讲陷阱的内容没有作用，事实是如果我们可以提前知道这些陷阱，就能避免在演讲时陷入这些陷阱。这些陷阱从本质上来说都不是什么大的陷阱，都可以归为一类，也就是"主观思维"。

主观思维在演讲过程中最是要不得，这种思维很容易让沟通陷入混乱之中，当我们能够主动避免掉这些陷阱，就能

第四部分
框架思维：让你的演讲更有黏性

够有效地提升我们的演讲层次。下面我们就来具体探讨一下陷阱的问题，主要分为两部分：

第一部分：主观感受听"错"话

在日常生活中，我们需要避免的沟通陷阱主要有两部分——主观感受和主观认识。可能有人会有疑问，在平时的沟通中，我们不就是根据主观感受和主观认识来说话的吗？为什么在这里就突然不对了呢？

通过下面这个案例，你就能明白为什么要避免这两个误区了：

我的一个朋友经常跟我抱怨，说自己的孩子总是不听话。例如，为了吃冷饮这件事，自己跟孩子没少发脾气，可是孩子就是不听。仔细听听她教育孩子时说的话，你就能明白问题到底出现在哪里了。

不想让孩子吃凉的食物，家长的出发点是想让孩子身体健康，意图是好的，但是家长在表达的时候却出现了问题，这位家长只是一味地强调："你要听我的，我说的是对的，我这么做是为了你好。"这时孩子感受到的只有父母的拒绝和不理解，甚至会认为妈妈是在威逼强迫自己。

通常情况下，有些孩子会乖乖地听父母的话，久而久之

演讲思维：
提升影响力的艺术

孩子的性格就会变得逆来顺受，什么都无所谓，进而导致长大后对很多事情都没有主见，或者不愿意表达自己内心真实的想法；要不然就是直接和家长对抗，甚至是发生冲突。出现这样的问题主要是因为孩子觉得自己并没有被真正地对待、真正地理解，父母只是看见他在吃冷饮，而并不知道孩子为什么要吃冷饮。

出现这种情况大多是因为沟通者陷入了沟通的两大误区：主观感受和主观认识误区。在第一个误区里，家长为了发泄自己的情绪，忘记了沟通的初始目的是什么；在第二个误区里，家长为了证明自己是对的，忘了自己想要什么。我们在沟通的时候，不能因为主观感受而忘记沟通的目的，更不能因为主观认知而影响我们真实的需要。

一般来说，因为主观感受而造成的沟通困境就是不想"听"。不想"听"造成的后果就是会先入为主地判断对方；还可能会出现沟通者主动打断别人话语的情况，这样会给人留下不好的印象。

下面，我们来分析一个案例，讲的是1910年美军的一次部队命令传递：

营长对值班军官：明晚8点钟左右，哈雷彗星可能会在这

第四部分
框架思维：让你的演讲更有黏性

个地区被看到，哈雷彗星每隔76年才能看见一次。命令所有士兵穿着野战服在操场上集合，我将向他们解释这一罕见的现象。如果下雨的话，就在礼堂集合，我为他们放一部有关彗星的影片。

值班军官对连长：根据营长的命令，明晚8点哈雷彗星将在操场上空出现。如果下雨的话，就让士兵穿着野战服列队前往礼堂，这一罕见的现象将在那里出现。

连长对排长：根据营长的命令，明晚8点，哈雷彗星将身穿野战服在礼堂出现。如果操场下雨，营长将下达另一个命令，这种命令每隔76年才会出现一次。

排长对班长：明晚8点，营长将带着哈雷彗星在礼堂中出现，这是每隔76年才有的事。如果下雨的话，营长就命令彗星穿上野战服到操场上去。

班长对士兵：在明晚8点下雨的时候，著名的76岁的哈雷将军将在营长的陪同下身着野战服，开着彗星牌汽车，经过操场，前往礼堂。

这个例子是不是很有意思，原本很严肃的命令到最后居然会变成一个笑话。那么我们该如何避免这种传话失败或者是听"走样"的情况呢？

最简单的方法就是，在进行沟通的时候，一定要多听少说，等到对方把话说完了，再对他人的话进行分析，找出要点并进行确认。将80%的时间用来倾听，20%的时间用来表达自己的东西，这样才不会造成沟通被主观感受干扰。

在工作中，我们大家可以通过养成下面四个习惯来避免主观感受对沟通造成的麻烦：

第一个习惯，"反复确认""及时回复""定期反馈"和"阶段汇报"。重要的信息在获取的时候要和表达者进行反复确认，有什么想法和意见要及时告知对方，在执行的过程中要定期给予命令发布者反馈，并且在事件有阶段性成果和进展时及时汇报。

第二个习惯，为了保证信息的客观性与全面性，尽量减少话语的多余部分。正式场合的发言内容一定要仔细斟酌，表达的时候尽可能地精准和简练，把一些过于主观和多余的内容删除掉。

第三个习惯，尽可能选择完善的信息内容和更多样化的沟通方式，避免可能出现的误会和误解。

第四个习惯，克服沟通中的"位差效应"，尽可能一步到位，不要找人传话转达。

第四部分
框架思维：让你的演讲更有黏性

第二部分：主观认识办"错"事

除了主观感受之外，沟通的另一个大的陷阱就是主观认识所造成的错误。为了证明主观认识是对的，我们经常会忽略实际情况，从而忘掉原本的沟通目标是什么，甚至搞砸事情。一般来说，产生这样的误区是因为在接收信息的时候沟通者会先行定义一个对自己有利的结果或观点，然后竭力证明这个结果或观点是对的。

成语"疑邻盗斧"中的故事，就是这种沟通误区造成的后果：自己的斧子丢了，就怀疑是邻居的儿子偷了，于是暗中观察，认为孩子的一举一动都像贼。然后就认定是他偷了自己的斧子。结果等到自己找到斧子的时候，看邻居家儿子的样子又不像贼了。

在生活中，这种情形是非常多见的。例如，在历次的考试中，排名一直倒数的某同学突然得了第一名，大家都会认为他作弊了，然后在脑海里疯狂脑补对方抄了谁的卷子。这都是我们根据以往对于某项事物的主观认识而贸然得出的结果。得出这样错误的结果之后，我们会立刻对此结果进行证明。

但事实却常常不是我们想象的那样。你用谎言去验证谎言，得到的肯定还是谎言，拿错误的认识去进行论证，得到的答案肯定还是错误的。不根据实际情况推导结果，全凭脑子里的认识去办事，往往会闹出这样的问题。

不只是在工作中，生活中也会发生类似的情况，大家可以分析下面这个案例：

阿东明天就要参加中学毕业典礼了，他高高兴兴上街，买了条裤子，回来后发现裤子长了两寸。吃晚饭的时候，趁奶奶、妈妈和嫂子都在场，阿东说自己的裤子长了两寸，结果大家都没有反应。饭后，大家都去忙自己的事情了，这件事情就没有再被提起过。

妈妈睡得比较晚，临睡前想起儿子明天要穿的裤子还长两寸，于是就悄悄地一个人把裤子裁剪好叠好放回原处。

半夜里，嫂子突然醒了过来，想到小叔子的裤子长了两寸，自己辈分最小，于是披衣起床将裤子处理好才安然入睡。

奶奶起得早，每天一大早醒来给小孙子做早饭上学，在做饭的间隙，她也想起了孙子的裤子长了两寸，于是，她快刀斩乱麻，又剪了两寸。

最后，可怜的阿东只好穿着短四寸的裤子去参加毕业典礼了。

在这个故事中，所有人都是关心阿东的，但在做事之前，

第四部分
框架思维：让你的演讲更有黏性

却没有根据实际情况来适当地调整行动方案，全凭自己的主观认识去办事，闹了一个大笑话。假如嫂子和奶奶在裁剪裤子之前先想想阿东的身高，那么她们在裁剪的时候就会考虑一下再去裁剪。沟通也是如此，一定要先把客观情况了解清楚之后，再下结论和发表观点。

苏格拉底曾经说过："自然赋予了我们人类一张嘴、两只耳朵，就是让我们多听少说。"任何一件事都是从高效沟通开始的，任何一次成功都与有效的沟通有关，只有在工作和生活中避开主观感受和主观认识这两个沟通陷阱，沟通和演讲的能力才能得到提升。

第五部分

生活无处不演讲

日常生活中，我们随时随地都会与人沟通，而沟通在一定的意义上与演讲是一样的，只不过所要面对的人数有所差异而已，为了扩散我们的影响力，我们必须时刻准备好应对突然而至的演讲。

第五部分
生活无处不演讲

反客为主，让面试官跟着你的思维走

每年的毕业季是众多大学毕业生告别校园，走向社会的季节，这些人中有的兴奋，也有的很担忧。兴奋的学生觉得是自己终于可以像雄鹰一样在广袤的天空里自由翱翔，去实现梦想了；但更多的人却是心怀担忧，毕竟对于大多数毕业生来说，一旦离开校园，就意味着需要自己独立承担生活的压力，需要去寻找属于自己的工作了。

但是，对于找工作的必经之路——面试，大多数求职者是心怀忐忑。面试是最考验个人临场发挥能力的环节，我们该如何在众多的求职者中让自己在面试官眼前脱颖而出呢？我们在面试的时候，除了需要具备必不可少的专业知识外，还需要有良好的表达方式，这也会为我们的求职加分。

那么我们到底该如何让自己在面试官眼前一亮呢？具体有两个步骤：

演讲思维：
提升影响力的艺术

首先，从认知上进行调整，从无欲则刚再到反客为主是挑战面试官的法宝，也是保持平常心，发挥出自己的最好状态的有效武器；其次，从表达话语上精进，在表达过程中艺术地表达自己的合理诉求以此来征服面试官。

大多数求职者在面对面试官时都会觉得很紧张，说话的时候有点发虚。毕竟是要面对一个自己从没见过的陌生人，这种状态属于正常现象，但如果是过度紧张则会让降低面试官的好感。不自信的应聘发言会让面试官觉得这个求职者不够自信，难以在未来面对更大的挑战。

过于自大也不是一件好事，容易让面试官感觉应聘者太过狂妄。所以，我们首先要调整自己的认知，从无欲则刚，再反客为主。

简单地说就是，先放轻松自己的心情，然后适度降低自己对结果的要求，让自己更勇敢，进而争取主动权。要尽可能地把自己的阐述调整清晰，既要说出自己的优势，也要稍微透露一些自己的缺点，做到表现出自己最真实的状态即可。

对老板而言，他更喜欢一个在自己面前勇敢承认错误的员工。这对于HR（人力资源顾问）来说，也是一样的道理，这样可以更好地审视应聘者。另外还需要注意的是，在应聘的时候，千万不要低三下四。公司的HR更希望从应聘者身上了解到这个员工能给我带来什么？这个员工想从我们这里获得什么？

以一个平等的身份来和HR谈判，会更容易获得优势，很多大学生在刚步入社会的时候，往往不敢跟HR提出各种条件，总是在听HR对于公司的各种介绍，这会让人觉得求职者没有自己的主见。这就是没把自己的位置摆正，许多人在找第一份工作的时候，不知道该怎么做，最后只能受HR的摆布。

为了不受HR的摆布，我们在面试之前，要好好地了解一下要应聘的公司，熟悉公司的优势，分析公司优劣势之后才能够从容地在面试官面前展示出一副无欲则刚的样子。"我很了解贵公司，知道你需要什么。""我能给你提供什么？"这种认知上的东西一旦在应聘者的脑海中闪现，就能够快速地调整出自己最好的状态，用平和的心理来面对面试官。

在面试的时候，我们还要注意艺术地表达自己的想法，用反客为主的办法来应对面试官，让对方跟着你的节奏走，而不是跟着对方的节奏走。

在面试的时候，回答问题或者介绍自己的时候，切记不要语言过于直白，有时候，要从侧面表达自己的想法，而且

演讲思维:
提升影响力的艺术

要通过一些事例来证明。有经验的HR都知道面试者在阐述自己的时候,一般都会采用相同的结论思维:我怎么样;我是个什么人。

而HR们更想听到的是阐述式的思维:因为我……所以我……我做过……所以我……例如,大多数人在面试的时候经常会说这样一句话"我没有经验,但我非常愿意学习。"这句话其实并不能证明什么,但如果遇到脾气不好的HR可能还会直接反问你:"怎么证明呢?"

另外,应聘者还经常会说:"我对这个行业/职业非常有兴趣。"HR同样会问:"怎么证明你有兴趣呢?""在面试前,你是否已经开始行动了?都做了哪些事情?是不是已经了解并查阅了很多资料,做了很多练习?还是只是等着突然打开一扇门,进去之后再展现愿意学习的一面?""你学习的意愿很强烈?用你以前的成绩来证明吧!"

学习能力口说无凭,是需要证明的,我们在面试之前就应该通过各种途径了解该公司的产品、地位、财报、竞品、市场策略等相关信息,以及职位、职能的各种要求,就算是我们无法全面地了解这个公司的所有信息,但起码应该对该行业和职位有一个足够深入的了解,这一点对面试的成功极为重要。

在面试的时候，我们一定要注意艺术性地表达自己的语言。大白话虽然显得实诚，却没有什么吸引力，还会显得没有情商。在面试过程中，当我们使用一些带有暗示性语言的时候，面试官很容易就听出我们的弦外之音，这样的表述方式还会显得我们很有情商。

下面我为大家介绍一些良好的自我表达的建议和参考：

例如，"我没有经验，但我非常愿意学习。"这种阐述式对于化解自己的短板最为有效，是用迂回的方式证明自己是一支潜力股，但是这样的表述方法过于直白，我们可以用下面这些表述方式来替代这句话：

虽然我没有经验，但我拿了学校最高的奖学金，成绩名列前茅，基础知识扎实。这里的潜台词是：虽然我没经验，但我勤奋。

虽然我没有经验，但我是数学竞赛的金牌，还拿过其他很多大奖。这里的潜台词是：虽然我没经验，但我聪明。

虽然我没有经验，但我已经调研了贵公司的所有产品和历史背景，这是我的调研报告。这里的潜台词是：虽然我没

演讲思维：
提升影响力的艺术

有经验，但我有准备。

虽然我没有经验，但我已经深入学习了行业知识，外面可以找到的资料我全都好好学过了，看，这是我的笔记和总结。这里的潜台词是：虽然我没有经验，但我对这个行业很热爱。

虽然我没有经验，但我不介意从最苦最累的工作做起，工资无所谓，只要能学东西就好。这里的潜台词是：虽然我没有经验，但我很便宜。

没有"工作经验"是没有问题的，但是不能没有处理相关问题的"经验"。当面试官询问你期望的薪酬待遇的时候，基本可以判断该企业对你的岗位匹配度是认可的，但是也不要盲目乐观，狮子大开口，这样会让面试官感觉你是坐地起价。当然，我们也不能过分地低估自己，报一个很低的价格，这样会让面试官怀疑你是不是"物有所值"。

面试的时间一般都很短，谁也不敢百分百地相信自己的判断。所以，当企业向你询问薪资的时候，建议可以先向企业询问两个问题：一个是问这个职位的具体岗位职责；另一个是问企业对这个职位的薪酬预期是多少？

虽然职位名称相同，但每个企业对具体的岗位职责是有所区别的，问清楚岗位职责，你对这个职位大概"值多少钱"会有一个基本的判断；询问了公司对这个职位的薪酬定位，会让你更加清晰地在这个范围内给出一个合理的价位。

问完这两个问题，再给出自己的薪资预期，不仅给出的价位相对客观，而且也会给企业留下比较专业的印象。

除了这种回答方式，有的时候我们还要主动询问HR薪酬的问题，但不要直接发问："我这个岗位一般可以开多少钱呢？"这样就显得太直白了，要说得艺术一些。

例如，当经过几轮面试后，面试官会问应聘者"你还有什么想了解的问题吗？"应聘者就可以问："像你们这样的企业都有自己的一套薪酬体系，请问可以简单介绍一下吗？"

面试官一般会简单地介绍一下，如果不详细，还可以问："贵公司的薪酬水平在同行业中的位置是怎样的？除了工资之外，还有哪些奖金、福利政策？"如果对自己所提的薪资还是把握不准，那也可以把问题抛给对方："我想请教一个问题，以我现在的经历、学历以及您对我面试的了解，在公司的薪酬体系中，我大概能达到什么样的水平？"

当面试官问到你为什么从上家公司离职时，切记，不要诋毁自己的前公司，公司在招聘的时候，HR是很看重员工的忠诚度和责任感的。如果你很随意地离开了之前的团队，那么面试官会觉得你在新公司也可能会轻易走人。

因此，在表达的时候，可以试着谈谈你离开上一家公司时有多么痛苦，多么依依不舍，如果有办法使你能在原来的岗位上继续得到提升或者如果不是因为股东之间的权利斗争，你是肯定不会离开的。

在体现自我责任感时，我们需要表达两层意思：

首先，从上家公司离职时已经做好了交接。一定要清楚地表明，在上家公司自己也很认真尽职，并且和同事之间一直保持着互助互利的工作氛围。

其次，就是你很期望承担新的职责，并表现出你的热忱，可以适当地通过向面试官提问的方式表现出来，比如，对面试官的兴趣、对他们职能的认可。

大多数人很容易回答出自己认识和喜爱的人所提出的问题，反之，也会因为别人提出了自己感兴趣的问题而喜欢上这个人。这些问题不仅可以传递一些友好的信号，同时，如果对方的回答与你的背景、经历、目标有相似之处，这时你就可以有机会表达与对方的共鸣。

"男怕入错行，女怕嫁错郎。"应聘是人生的大事，但不是难事,面对面试,首先,我们要从心态上克服掉紧张情绪,然后在交谈过程中,善于用一些小技巧来达到反客为主的效果,这样就能让面试官顺着我们的节奏走。

演讲思维：
提升影响力的艺术

汇报就是最重要的命题演讲

在日常的工作中，很多人都会遇到这种情况：在进行工作汇报时，总是无法达到自己预期的效果，而且每次汇报工作情况时就像是流水账一样，一个完整、得体、精彩的工作汇报可以为我们加分很多。

那么我们到底该如何才能完成一个完美的工作汇报呢？我认为，与其被动地被老板问东问西而感到紧张局促，莫不如主动出击，将自己的工作主动汇报给老板，也就是向上管理。通过这种向上管理的方式，将我们的工作进程如实地汇报给上级领导。

学会向上管理，用"鸡汤话术"让工作汇报最出彩。为了避免工作汇报千篇一律、死气沉沉，我们可以尝试一下"鸡汤话术"，也就是我们通常所说的心灵鸡汤。心灵鸡汤，就是充满知识与情感色彩的话语，柔软并且温暖，充满正能量。

第五部分
生活无处不演讲

在当前快节奏的生活和无处不在的压力环境下，这是一种安慰剂，可以调整转移个人的消极情绪，特别是当一个人面对挫折的时候，用"鸡汤话术"无疑是一种语言上的深度治疗，它所产生的效果就像是"打鸡血"一样，具有极大的激励性。

在工作汇报的时候，将"鸡汤"话语放在开场白中，是一种能够让大家快速安静下来听你汇报的好办法。官腔十足的开场白，没有人会喜欢，任何人听了都会厌烦的，给一点人文的关怀或者是偶尔开个小小的玩笑，能够让大家的心情得到平复放松，在这样的氛围里汇报工作会更加流畅。

例如，在一次汇报工作的时候，厂长愁眉苦脸地说："同志们，我的2016年是悲剧的一年，爱情、事业、金钱全都悲剧了：钱，全都给你们涨工资了；事业，除了我之外，都升官了；爱情，几个副处都结婚了，我家的那个是不能再换了。抓紧时间说，一会儿还得去接孩子放学回家呢！"短短几句话就把现场的气氛调动了起来。

如果工作汇报涉及多个主题，那在切换不同主题时可以添加一些"鸡汤"来润色语言。因为在这个阶段台下同事精神都比较疲惫，在听了大段的实质内容之后，更多的人希望听到与自己相关的东西,适度地添加一些对各位同事感谢的话语与赞美老板的"鸡汤话",听起来感觉和废话似的,但其实这是可以帮助大家重新提起精神与增进同事之间感情的有效方式。

在职场中,除了表扬他人与自我表扬,没有任何的话语能够更好地增进领导和员工之间的上下级关系。但如果只是赞美领导管理有方而不感谢其他同事,就会很容易被人误会为拍马屁;如果既赞美领导,又感谢同事,就会被认为是一种谦逊有礼、会做人的表现。

我们在进行工作汇报时,要注意关键点的把握,运用好"鸡汤话术",能够使我们的工作汇报给人耳目一新的感觉,同时在进行工作汇报的时候,我们还需要注意三个关键的地方:

第一,明确目的。在准备工作汇报的时候就要想好,这次汇报出于什么样的目的,需要达成什么样的结果?这是工作汇报前需要解决的根本性和方向性问题。

这些问题解决了,汇报就成功了一大半。有的人之所以汇报不成功,不精彩,问题的关键就在于目的不明确,准备的材料零乱无章,让人听了半天也不知所云。

在进行工作汇报的时候，除了要站在自己的角度，明确汇报的目的，明确想要达到的效果，还要结合自身的实际工作情况，想清楚要怎样说，说什么，怎样才能让领导在听了汇报之后，给予肯定的评价。

第二，抓住重点。 根据汇报的目的与领导的要求，选择重点内容，并找准切入点。有些人其实也非常重视汇报工作，总想抓住机会把所有工作都讲出来，生怕领导对自己的职责了解得少，汇报时不分主次，既抓不住要领，也吸引不了领导。

要想抓住重点，首先就要明白什么才是重点，关于工作汇报中的重点，一般说来，适应领导的要求与必须汇报的内容就是重点，但同时也不要过于呆板，具体情况具体分析。

选择重点要从三个方面考虑：一是领导最想听、最关心的东西，说白了就是领导最想要强调和想知道的事情，这就是重点；二是自己认为最能表现自己个人能力和成绩的事情，或者说最出色的工作；三是有特点的东西，如果说汇报的目的是"脉络"，那么汇报的重点就是"骨架"，在这个基础上再填充上血肉与细节，就是一个完整的工作汇报。

第三，灵活把握。 汇报当中，领导有的时候会提出一些

演讲思维：
提升影响力的艺术

要求，例如，对汇报内容的增减、对一些问题的关注程度、汇报时限的变化等。

遇到这些情况的时候，就需要迅速地调整思路。如果发言顺序没有固定，就可以及时抢占"最佳点"，也就是争取与把握最好的汇报时机。先说肯定比后说要强：先说肯定有新鲜感，能先入为主地给人留下深刻的印象，同时能有效地避免因工作内容相似而造成的雷同。

如果汇报的顺序比较靠后，可以只着重讲述自己准备的重点，别人讲过的就可以简略带过，并加入一些对未来团队或单位的展望，同时补充一些催人上进的话语，最好的方式是举例说明大家在工作中让人感动的小例子或者故事。这种启发式的"鸡汤"话语能够从细节上给同事和领导一种做事心细的感觉。

除了这三个大的关键点需要注意之外，一些小的细节也要留意。在汇报工作时，态度一定要主动、专注、认真，让领导看到你精神饱满的工作状态，让领导感觉员工对于工作上的方案已经了然在心，不怯场。其次，在汇报的时候，要和领导讲明汇报的内容，一句话带过，如果对方没有信心，可以多准备几个预备方案，让领导做选择题，总比一选一好得多。

接下来，我将为大家介绍几种固定的工作汇报话语模板，我们可以熟记，然后在日常工作中套用这些模板：

工作汇报开头模板：

在过去的一年中，在领导与同事的悉心关怀和指导之下，我在工作中取得了一定的成果，但仍存在诸多不足，回顾过去的一年，现将工作总结如下：……

××××年在全体同仁的努力下，在领导的正确指挥下，我们迎来了丰收的一年，今年公司完成了指标，这和大家的努力是分不开的，因为我们这个优秀团结的团队，相互帮助，扎扎实实地努力工作，所以为××××年画上了一个圆满的句号。现将工作汇报如下：……

光阴如梭，一年的工作又将成为历史，××××年即将过去，新的一年即将开始，新的一年意味着新的机遇、新的挑战、新的起点，"欲穷千里目，更上一层楼"，在新的一年里，我们将继续携手迈进，更好地完成工作，扬长避短。

在繁忙的工作中，不知不觉又迎来了新的一年，××××年是有意义的，是有价值的，是有收获的。回顾这一年的工作历程，作为×××企业的一名员工，我深深地感到×××企业蓬勃发展的朝气，×××人敢于拼搏的精神。

工作汇报结束语模板：

××××年的工作会更加困难，越来越激烈的竞争会带来极大的压力，但是化压力为动力才是我们一直以来不断进步的根本。在不断进步中，我们得到了发展，在进步中虽然偶尔也会遇到困难，但这些都是暂时的，长远的发展才是我们一直想要的结果！相信在××××年我们会做得更好！

我相信在公司全体领导职工的共同努力下，公司的业绩一定会比去年有更明显的进步，公司的明天也会更加美好与强大！我更要在不断的学习中进步，帮助公司实现梦想，也不辜负领导和同事对我的期望！

各位员工，新的一年来到了，成绩已经成为过去，我们必须面对新的机遇与挑战，我相信在×××的带领下，在全体员工的团结努力下，我们一定能够抓住新的机遇，战胜困难，迎接挑战。我坚信我们的明天会更好！

为了让我们的工作汇报更加出彩，在汇报的时候我们可以运用"鸡汤话术",同时我们还要注意工作汇报的目的、重点、灵活性这三个重要的关键点,并且要熟练地掌握开场白与结束语中常用的模板。

演讲思维：
提升影响力的艺术

如何不动声色地化解尴尬局面

在日常的人际交往中，有很多人因为语言表达或者沟通不顺畅，产生过一些误会和尴尬。如果在与朋友日常聊天时，发生了这些情况，简单说明一下对方就能够理解，但如果这样的情况出现在会议中或者是公共场合，就不是简单说明一下或者微微一笑就可以过去的。

在演讲或当众发言时，如果发生了意想不到的尴尬或是意外情况，往往都是考验演讲者自身能力的关键时刻。如何得体地应对和化解这些尴尬，是对你的情商和智商的极大考验。

在这一节内容中，我们将重点讨论一种幽默的话术，如果运用得好，这种话术不但可以帮助我们化解尴尬的局面，还能够提升自己的人格魅力和影响力。

不管是在工作中，还是在生活中，发生尴尬的时候，无论是强烈对抗还是伤心难过都于事无补，使用幽默的方式来化解尴尬才是最好的办法,和谐的交流氛围才是人际交往的润滑剂。值得注意的是,在使用幽默化解尴尬之前,我们一定要注意以下两点:

第一点,了解对方信息。在生活与工作中,我们时刻都要与他人打交道,最害怕的就是因为不了解对方的情况,从而造成尴尬的局面。最常见的尴尬场面就是突如其来的冷场,不知道要聊什么,在这种情况下,我们要解读对方的信息,这样才能有针对性地化解尴尬。

当对方与你不太熟悉却彼此有交集时,例如,你们有彼此的微信好友,那么在打交道之前可以主动地收集一些对方的相关信息。例如,他的家乡、职业、最近在做什么、以前都有些什么特别的经历以及对什么比较感兴趣,等等。只有掌握了这些,才能在不知道要聊什么的时候,找到新的话题点。

还有一种情况是你与对方没有交集,收集不到对方的信息怎么办?对于这种情况,我们可以在聊天的过程中,通过不断提问来了解对方,问一些你想要了解的问题,或者是从对话中发现共鸣点,让彼此"有话可以说"。

第二点,多做准备。沟通之前多做一些准备是永远都不会错的,同时还可以避免在沟通的过程中产生尴尬,除了多了解对方的信息,我们还需要多做一些沟通的准备,准备些什么呢?

就是一些具有长期性和经常性的准备,具体指,我们可以在日常生活当中多积累一些笑话,多了解一些有趣的见闻,多看一些语言艺术方面的书籍,并在实际运用中加以揣摩、消化与吸收,甚至是影视剧中的精彩对白,我们都可以拿来模仿运用。

总之,只要我们坚持在生活中多做积累,丰富我们的语料库,那么在面对尴尬场面的时候,就可以有效地从丰富的语料库中提取有意思的语言来化解当前的尴尬。

化解幽默,我们除了要多了解对方与多做准备之外,还需要具备宽广的胸怀和乐观的态度。不能气量狭小,一出丑就恼羞成怒,如果这样的话气氛马上就会紧张起来。而且还需要有良好的文化素养和丰富的联想力,一个人如果文化素养高,阅历丰富,自然就会有较强的联想力,说起话来就会妙趣横生。

化解尴尬有许多方法,我们不可能做到用一个方法就能应对所有的尴尬,下面的四招,是最常见的妥善化解演讲尴尬的方法:

第五部分
生活无处不演讲

第一招：自我解嘲，拨乱反正

影星成龙在一次演讲中，不小心用错了成语，将"历历在目"讲成"目目在历"，引得全场爆笑。机智的成龙立刻以自嘲的方式自救："目目在历和历历在目是一样的。话就是人家编的，就好像'duang'就是我编的，这个就是我的话。搞电影的都是'幕幕'在历，就是每一个屏幕上的画面我都经历过。"

成龙在口误尴尬的情况下，拿自己创造的"duang"字进行自我解嘲，为自己"辩解"，成功化解了尴尬。适当的自嘲可以在沟通中增强听众对演讲者的好感，自嘲可以应用在沟通和演讲的各个部分，例如，在自我介绍和总结中，利用自嘲能够有效地转移听众的视线，将他们的目光重新聚集到演讲者身上来。

第二招：巧设因果，插科打诨

贝拉克·侯赛因·奥巴马在耶路撒冷对以色列大学生发表演讲时，遭到一名男学生起立反驳。站在台上的奥巴马维持一贯冷静的语调说："这就是我们刚刚谈到的现场讨论的一部分。我必须说，事实上，这是我们安排的，这样才让我感觉像在家（美国）一样。如果没有闹场者，我会感觉怪怪的。"

说完，听众席上的许多学生都起立热烈鼓掌。而此时，闹场者感到很不好意思，羞愧地低下了头。

面对被打断的演讲，奥巴马将其因归结于"现场讨论的一部分"和"故意安排的"，让人感到顺理成章，这不仅给了闹场者台阶下，而且还能幽默地化解尴尬，彰显其随机应变的能力。

不是所有的听众都能够认认真真听我们讲话的，除了有效回击那些取闹者，我们还可以在演讲中适度地加入一些幽默，甚至可以将错就错，将尴尬化解成一个好玩的游戏，让听众与自己一起错下去，这样就不叫犯错了，同时这样做还能够增加与听众之间的亲近感。

所以说，当说错话的时候，不要慌，要从容地从讲错的内容里主动走出去，然后再绕回来，让说错的话变成因，去找到它可能演变成的果，幽默往往出其不意，但又在情理之中。

第三招：拟物为人，别解新义

举重冠军张湘祥在一次演讲中，讲到"增加肺活量、提高免疫力、延缓衰老、健美塑形等跑步的好处"时，话筒突然出现了故障，扬声器时断时续。

场面一度尴尬，但张湘祥接下来的几句话就将气氛拉了

第五部分
生活无处不演讲

回来,他机智地说:"今天的话筒不好使,这就是缺乏运动的表现。锻炼不够,难免'上气不接下气'。"妙语一出,台下的听众全都会心地笑了起来,并响起了热烈的掌声。

张湘祥巧借运动的主题,将话筒进行拟人化,把话筒失灵的原因归为"运动锻炼不够",像人一样"上气不接下气",不仅逗乐了全场,活跃了气氛,而且还借机深刻地说明了运动锻炼的重要性,让人不由得拍手叫好。

第四招:幽默的调侃

2008年,时任美国总统的小布什与伊拉克总理马利基在巴格达出席记者会时,差点被鞋子击中,小布什在记者会上说:"我们还有很多事情需要做。这场战争(伊拉克战争)还没有结束。"这时,伊拉克记者蒙塔兹·扎伊迪脱下两只鞋朝布什扔了过去,小布什则弯腰躲过了袭击。

小布什闪身躲过后,说:"我告诉大家的就是,这鞋子是10码的。"他接着说,"这个意外是民主的迹象,只有在自由社会里,人们才可以这么做,为了吸引大家的注意力,他今天扔鞋的权利,是用美国4200多名军人的鲜血及美国人民的6000亿美元换来的!"

在演讲现场出现意外情况或是场面很尴尬的时候,我们不妨用幽默的调侃话术，让局面转危为安。但是在这之前，我们要尽可能多地了解对方的信息，平日也要做好充分的准备，然后用幽默的调侃来妥善化解演讲中的尴尬。

"金无足赤，人无完人。"在与人接触的过程中，我们一定会到各式各样的人，缺点也是我们自身的一部分，我们无法将自身的一部分完全割除掉，我们必须完全地接纳自己，无论好与坏。

作为不完美的个体，我们要面对来自各方面的挑战与压力，我们要怀着真诚而乐观的心态去面对生活和工作中的人与事，只有这样，我们的生活才会充满阳光，在演讲和当众表达的时候，我们也应该如此，通过语言的魅力去化解一次次的意外和窘境。

第五部分
生活无处不演讲

学点小套路宴会祝词不心慌

在生活中，我们必然会参加一些酒席宴会，在酒席宴会上推杯换盏，你来我往，好不热闹。而酒桌上的一些话语却意义深妙，"套路"更是层出不穷，所以酒席又称之为"局"，那么我们应该怎样表达才能正确地应对酒局呢？有没有什么"套路"可以应对这样的场面呢？

无论是在工作还是生活中，需要我们参加的酒席宴会样式是五花八门的。但在酒桌上所说的话语几乎全都是祝福类的话语。在说祝福类话语的时候，我们一定要注意两个最基本的要素，也是必须要遵循的原则：时间和内容。

由于酒宴时间有限，无论是年会还是小范围聚会的酒席，都没有较长的时间来发表长篇大论，因此说的话一定要言简意赅。酒宴的核心是吃吃喝喝，如果话说得时间太长，宾客自然会感到厌烦。

演讲思维：
提升影响力的艺术

去过婚宴的人一定会遇到这样的情况：新郎新娘家长致辞的时候，家长常常会掏出一张纸，然后滔滔不绝地讲话，差不多能有15分钟，而在座的宾客早就饥肠辘辘了，最后根本不管你在上面讲什么，下面直接动筷子开吃了。所以宴会祝词一定要注意时间的控制，讲话时间不能太长。

宴会毕竟是让宾客来享受美食和美酒的，祝词只是点缀而已，不能"喧宾夺主"，应该给宾客尽可能多的时间去品尝美食和美酒，这样做才最能让宾客心满意足。

在控制好合理的讲话时间后，接下来我们就要说一下内容了。不管是何种类型的宴会，要想让自己的表达得体大方，就必须遵循一定的格式。在接下来的内容里，我将会为大家介绍一种"起承转合"的话术模板，掌握这个模板之后，我们大家就能在日常的宴会中直接套用了。

介绍这个模板的目的是为了让我们自己足够清醒，表达准确而且又能够陶醉他人。"起承转合"这四个字，每个部分都代表了酒宴祝词的一个关键节点，而且每个节点都有一定的注意事项，如果我们能熟练掌握这个话术模板，不管在往后遇到什么类型的酒宴，无论宾客是谁，我们都可以得心应手地应付。

第五部分
生活无处不演讲

起：注意场合

酒宴祝词"起"的部分就是整个祝词的开头，祝词的开头一定要注意场合，所谓的场合并不单指说话的时机，还有对赴宴嘉宾的称呼。另外，在祝词"起"的部分，还要考虑如何点题，告诉宾客们这个宴会的类型，此外还要感激或致谢。这几个部分共同组成酒宴祝词的开头。例如，"尊敬的来宾，亲爱的朋友，很高兴今天能邀请各位来参加我儿子的百日宴。"

祝酒词称呼一定要使用特定的称呼，可以稍微带一点感情色彩，例如，"尊敬的领导""亲爱的同学们"，等等，这是为了能够拉近主人与宾客之间的关系；讲祝酒词时，可以上台去说，也可以站在座位上说。

承：明确意义

祝酒词的第二部分，要交代清楚这场宴会的意义，以及自己与在座人员的关系。

在这一部分中，要结合自己的身份和立场去考量意义，权衡需要照顾和哪些人的关系。比如，为父亲六十大寿举办生日宴，而这个意义和目的应该是为了让父亲度过一个难忘的生日，感激父亲对家庭以及对自己的付出。

另一方面，可以想想与在座的人的关系，有特别想说的话，就可以在这个环节讲述。

例如,在父亲的生日宴上,你看到了隔壁的刘大妈,就可以说:"特别感谢刘大妈一直以来对我们家的帮助和照顾,特别是我和我姐不在家的时候,也是您在代为照顾父亲,特别感谢。"所有你对特定人群要表达的情义、要讲述的事情,都可以在这个环节进行叙述。

转:提议举杯

这个环节是为了让大家共同举起酒杯,进行致意,这个环节只需要注意一下举杯的高度和示意的幅度就可以了,要根据场合的大小和现场宾客的数量进行灵活调整,人越多,场合越大,举杯的高度和示意的幅度就要越大,一般是平肩或略高,幅度一般是从自己的左前45度到右前45度,最后再回到中间。

合:献上祝福

最后一个环节是祝福祝愿,以及表达意愿。在这个环节中,既要照顾到主题,也要照顾到宾客,特别是在祝愿的部分,所提到的那些重要人物或代表的人群,在祝贺的时候,可以用一些四字成语,语言要干脆有力。这些相应的祝福语,大家可以通过阅读、查词典、上网搜索等方式进行积累学习。

在宴会中表达祝酒词的,我们还有五个要点需要我们注意:

第一,措辞。措辞要与场合相符,在不同的场合面对不同的人,措辞肯定是不一样的。针对不同的事,敬酒的措辞肯定也要不同,例如,向上级敬酒,一般要表示感谢,感谢上级长时间的关照和帮助;如果是向同事敬酒,就应该祝贺对方取得的成绩。

第二,语气和表情。由于酒宴的氛围都是热闹欢快的或者温馨幸福的,所以在说祝词的时候我们的语气和表情一定要显得活泼愉快,要面带微笑,热情真诚,感情饱满。

第三,声音。声音是沟通的第二张脸,声音洪亮则显得热情,尽可能避免因喝酒等原因造成的声音沙哑。

第四,形象礼仪。发型、服饰要符合要求,也要与身份、地位、角色等相符合。如果场合比较正式,那最好着正装或礼服出席,不能过于随便;

第五,状态。如果已有醉意,甚至醉酒难以自控了,就不要致祝酒词了,那样会言多有失。如果提前知道自己要讲话,而且喝酒也是难以避免的,就要提前做好预案,感觉自己喝多时,就可以请跟自己关系比较要好的,能够代表自己的人做酒宴祝词。

好的祝酒词可以为宴会锦上添花，它不在于辞藻有多么华丽，表达有多么炫酷，而是在于真诚，俗话说酒后吐真言，醉人的话语最能透露说话者的真诚，这才是我们的祝酒词真正要达到的境界。

第五部分
生活无处不演讲

如何做好即兴主持人

在日常生活中,总有一些人会成为人群中的焦点,吸引大家的目光,尤其是在一些大型活动中,那些主持人经常是口吐莲花、妙语连珠,调动着现场的气氛。我们可以仔细思考一下,主持人是怎样让观众的情绪一直高涨的?主持人在现场是通过怎样的方式来调动观众的情绪的呢?他们在表达当中通常都会有一些什么样的话术呢?

在探讨主持人的话术之前,我们要先调整自己的状态,你是什么样,观众就会是什么样,所以要想调动现场的情绪,就要先把自己的情绪调动起来。例如,靠着《五环之歌》火起来的相声演员岳云鹏,想必大家都不会陌生。

他的相声通俗易懂,而且情绪饱满,每一次都能让观众的情绪跟随他的表演不断变化,他在抖包袱的时候,总是能让观众感觉到他的真挚情感,那么他是怎样做到这些的呢?

其实对于用语言表演的岳云鹏来说,想要调动观众的情绪,首先就得酝酿和调动自己的情绪,将自己置身于这些故事的场景中,用心去感受和揣摩,然后用最直接、最简单的形式加以呈现,直击人心,进而打动观众。

号称中央电视台最强"段子手"的新闻主播朱广权,受到了很多人的欢迎,他用轻松搞笑的节目播报方式与有节奏的"段子"相结合,硬生生地将枯燥乏味的新闻播报变成了演唱会。

他在主持《一路回家·2017春节》节目时,曾这样说:"亲爱的观众朋友们,地球不爆炸,我们不放假,宇宙不重启,我们不休息,风里雨里节日里,我们都在这里等着你,没有四季,只有两季,你看就是旺季,你换台就是淡季。"

从此,这句"地球不爆炸,我们不放假,宇宙不重启,我们不休息",就成了全国老百姓经常挂在嘴边的话语。朱广权是怎样让电视机前的观众都愿意看新闻的呢?

其实对于朱广权来说,他只是在播报新闻的时候,将自己的情绪调动了起来,将自己心里面对于这些新闻的看法,用如此诙谐的方式说了出来。主持人自己心里是轻松愉快的,表达的时候自然也是轻松愉快的,那么观众在听到的时候,自然也就感到轻松愉快了。这就是要想调动观众情绪，必须先调动自己情绪的原因。

在主持活动的过程中，为了让大家能够聚精会神地听演讲者讲话，主持人需要"眼观六路，耳听八方"，及时发觉、捕捉观众对所说的话的反馈。因为无论观众是反感还是喜欢，都会在表情和神态上有所反映，经验丰富的主持人能察觉观众的任何细微变化，然后迅速做出反应，拿出相应的对策，让主持活动能够顺利地进行下去。

另外，在主持的过程中，还要学会换位思考，将自己当成观众，这样才能够了解观众最想要什么，然后再结合活动需要达成目的，这样自然就很容易与观众达成共识，使观众的热情持续高涨。

我们可以通过下面的三个方法，去引导观众：

一、被认同的故事

在主持的时候，可以根据活动的性质，多说一些被认同的话或者故事，例如，在婚礼主持上，可以多说一些新人一路走来的爱情故事，带有感情的话语能够让台下的观众回味起自己爱情的味道。例如，在年会的时候，可以多说一些工作时发生的小笑话，让大家回忆起奋斗的酸甜苦辣。在主持中，如果能引起观众的回忆，主持人便可以活得观众的认同。

二、安排几个人当托

在台上主持活动的时候，我们可以提前安排一两个人在台下面当"托"，向他们询问一些能够涵盖大部分人的问题，并且通过他们精彩的答案让其他观众感到震撼和感动，或者让他们提出一些提前准备好的，能够最大限度体现出特色的问题，通过这种良性的、可控的互动，促使观众对主持人产生好感，进而带动现场的气氛。例如，相声演员郭德纲在演出的时候，有时候会安排上一两个托来帮忙烘托一下现场气氛，方便把包袱抖出来。

三、表演一两个小游戏，让观众出一下丑

在举办一些相亲、年会、婚礼等气氛欢快的活动时，主持人或者演讲人可以增加一两个小游戏，请下面的观众一起玩一下，例如，抢凳子游戏等，这些小游戏可以迅速地让大家活跃起来，相互熟悉，同时主持人还可以一边发布口令，一边调侃一下参与的听众。

这种方法既能够树立起主持人的权威，也能得到大家的认同。需要注意的是，要控制好力度，别过火。

我们还可以通过"要掌声"这种语言套路，来引导观众

的情绪。要掌声很重要,一个好的主持人和演讲者应该使现场处处充满掌声。

"要掌声"是通过语言引导,使听众不自觉地鼓掌,这除了精彩的内容之外,更需要我们配合一些特殊的话语方式来赚取掌声。大家可以通过下面这些句子在特定场合"要掌声":

1.在同学会和年会等场合可以说:朋友,当别人身处困境时,请给他温暖的掌声;当别人表现非凡时,请给他喝彩的掌声;当自己收获成功时,请珍惜那阵阵掌声。

通过三个排比句,听众被"掌声"这个词洗脑,自然而然地会给出掌声。

2.在公司总结大会等场合可以说:昨天已经过去,明天还未到来,我们要好好把握今天,为今天喝彩,为今天鼓掌。

3.在邀请嘉宾登场时可以说:伸出你的金掌、银掌,欢迎……闪亮登场。

4.公布重大利好的消息可以说:给这个精彩的信息掌声鼓励一下。

5.开始课程前可以说:让我们用热烈的掌声来迎接今天的课程。

6.在座谈会等场合可以说:大胆鼓掌,为别人,也为自己,更为丰富多彩的人生和美好的生活。

7.在寿宴、婚礼等家庭聚会时可以说：父母把我们生下来，我们才有机会在这里相聚，为我们伟大的父母亲而鼓掌。

8.销售业绩总结会等职场总结会上可以说：我可以，在座的各位你们都可以，觉得可以的给自己一些掌声。可以超过我的再鼓励一下，超过我十倍的，给自己一流的、自信热烈的掌声鼓励一下。

熟而不俗的语言技巧可以通过这些金句得以体现，熟练掌握并且举一反三，相信可以帮助大家有效地应对大部分的场合。

一个好的主持人或是演讲者想要让现场观众的热情持续高涨，亲切温暖的话语是必不可少的，只有话语接地气，与观众的情感距离足够近，才能把观众的所有情绪调动起来。

第五部分
生活无处不演讲

"奥利奥模型"让即兴演讲不再信马由缰

在生活中，我们时不时地就会在没有充分准备的情况下当众演讲和当众表达，例如，开会的时候，领导临时起意让你站起来发言，这完全是即兴的，根本来不及准备，那么我们该如何应对这突如其来的情况呢？

在本节内容中，我会与大家一起探讨一些有关即兴演讲的技巧，通过学习这些小技巧，可以让你在面对突如其来的情况时，通过套用简单可行的模板与话术，将自己变成一部行走的"留声机"。

生活处处要演讲，我们每个人都会职场中遇到这样的突发情况，如果我们可以掌握一些简单可行的模板与话术，就可以做到内心不慌，从容应对突发的情况。

计划永远赶不上变化。即兴演讲在日常生活中是经常会遇到的，很多人只要一听到即兴演讲就会觉得头疼，这主要是因为大家在没有准备的情况下会觉得心里面没底。

大部分人在备稿演讲的时候，由于准备得比较充分，所以一般不会出现紧张这样的情况，但即兴演讲就不一样了，由于要在短时间内组织大量的语言，而且还需要有逻辑、有结构，还要引经据典，另外还没有足够的时间让你去思索，这样的演讲对大多数人来说就比较难了。

经过多年的实践，特别是对即兴表达训练进行了仔细分析和归纳后，我发现了一些即兴演讲的规律，在这一节的内容里，我将同大家一起来讨论一下有关即兴演讲的一些技巧，我将这个方法称作"奥利奥饼干模型"。

之所以叫作"奥利奥饼干模型"，是因为"奥利奥饼干"的英文正好是这个模型四个内容模块的英文首字母"OREO"。其中，字母O代表了观点（opinion），R代表了原因（reason），E代表了举例（example），最后的一个O还是观点（opinion）。组合起来正好是OREO，"奥利奥饼干"的英文。

"奥利奥模型"非常适合在公众场合或是会议现场等环境中进行的即兴演讲，按照这种模型结构去即兴组织语言，会让观点和态度更具说服力，同时也能让听众感觉到表达者在表明观点时清晰的逻辑。

第五部分
生活无处不演讲

"奥利奥饼干模型"的第一个部分：观点（opinion）。在即兴演讲或回答问题的时候，一开始我们就要展示出自己的观点和立场，这样做可以达到出其不意的效果，因为听众在不清楚演讲者的内容的时候，往往需要首先对事物有一个大体的认知和了解，听众最希望的是了解演讲者的观点和态度，而不是听演讲者在那里东绕西绕，避重就轻地不说主要的内容。

所以，在演讲一开始，就直截了当地给出对于这件事情的看法或意见，是听众最需要的。不管是何种的态度和意见，只要一阐述出来，听众们就会有一个方向，才会将注意力继续放在这个问题上。

下面我们来看一下马云在南非"金山大学"的演讲：

有人认为非洲贫穷，没有财富，但我却认为非洲有世界上最好的财富：动物、自然、空气，还有蓝天。这是最宝贵的财富，全世界都羡慕。我一直都相信，当所有的事情都准备好了，就太迟了。创业者就是要在一切都未就绪的时候，去做一些事情。如果所有的事情都准备好了，那么，我，马云就不会成功。

在这一段中，马云首先否定传统的认知，然后直接抛出全新的观点与看法。而这种说话的方式就是"奥利奥饼干模型"里的第一部分观点。

对于"我认为……"这样的话术，可以像马云一样，先否定大家的常规认知，然后抛出一个与大家认知不同的观点，这样可以让听众更容易理解，从而更容易冲击和吸引听众，让听众对演讲者的新观点充满期待。

"奥利奥饼干模型"的第二个部分：原因（reason）。在听到演讲者的观点后，听众会产生疑问，怎么会这么说呢？也许还会产生质疑，凭什么这么说呢？所以在这个时候，演讲者就需要说出自己的理由，证明自己所说的观点是正确的，进而说服听众。

在这一部分中，演讲者一定要接着刚才抛出的观点继续说下去。例如，马云在抛完案例之后，紧接着就说："我一直都相信，当所有的事情都准备好了，就太迟了。创业者就是要在一切都未就绪的时候去做事情。"马云给出了自己的原因和理由。马云为自己给出的观点进行解释，使自己的论点变得合理化，让听众在不知不觉中，认同他的观点。

"奥利奥饼干模型"的第三个部分：举例（example）。

第五部分
生活无处不演讲

大家在举例的时候，一定要围绕所阐述的观点列举出对应的具体事例，然后再对事例进行简单的说明。

马云在举例的时候是这样说的：

我在公寓里创立公司的时候，一共有18位创始人。我们有远大的梦想：我们希望成为全球前十的互联网公司。但在那个时候，我们的排名是几百万名。你有梦想，才有实现的可能。不要说我们要在明天或者明年成功。我们要在十年二十年后才能成功。十九年过去了，我们成了全球前十的互联网公司。

阿里巴巴现在市值5000亿美元。告诉我，十九年前有人相信中国公司能成为世界前十的互联网公司吗？十年前，有人相信亚洲公司能成为全球排名前十的科技公司吗？人们现在应该开始相信，在接下来的十几年，非洲会出现100个阿里巴巴。

在举例环节中，举正面的例子可以让听众备受鼓舞，而举反面案例则会起到警醒听众的作用。成功的案例可以使听众充满希望，失败的案例可以让听众冷静下来。

演讲思维：
提升影响力的艺术

"奥利奥饼干模型"的第四部分：**重申观点（opinion）**。重新点题，增强听众的记忆，把所阐述的观点牢牢地送到听众的心里。马云也是用这个步骤为演讲画上句号的。

真正的创业者，首先要有理想、团队、客户。钱就在那里，关键在于你是否能坚持理想，保持努力，赋能他人。所以我非常高兴能来到这里，让我们一起鼓励非洲的年轻企业家，支持他们，尊重他们，让他们成为时代的英雄。当非洲有了更多伟大的企业家，这片大地也会更加繁荣，成为一片人人都愿意来的大陆。

在即兴演讲和即兴表达中，遇到尴尬境况和尖锐的问题是一件很正常的事，人就是要不断地学习，不断地改变自己才能成为最好的自己。即兴演讲也是如此，只要我们在生活中勤加练习，一定能做到脱口而出，出口成章。